Mit Farben heilen

ECON Ratgeber

Zum Buch:

Schon die alten Ägypter wußten um die Heilkraft von Farben. In der modernen Farbtherapie machen sich Psychologen und Ärzte dieses Wissen heute wieder zunutze. Heidelore Kluge informiert umfassend über die Möglichkeiten der Farbtherapie zur Heilung physischer Erkrankungen, seelischer Störungen und kosmetischer Probleme. Darüber hinaus gibt sie einen eindrucksvollen Einblick in die »Charakterqualitäten« von Farben, die eine Massage für Körper und Geist sein können.

Zur Autorin:

Heidelore Kluge (Jahrgang 1949) hat sieben Jahre lang als Übersetzerin und Dokumentarin in der Raumfahrtindustrie gearbeitet und ist jetzt freiberuflich tätig in der Herstellung und im Vertrieb von Naturkosmetika. Sie ist Autorin zahlreicher Sach- und Kinderbücher und schreibt Beiträge für Rundfunk und Presse.

Heidelore Kluge

Mit Farben heilen

ECON Taschenbuch Verlag

Veröffentlicht im ECON Taschenbuch Verlag
Originalausgabe
© 1996 by ECON Verlag GmbH, Düsseldorf
Umschlaggestaltung: Init GmbH, Bielefeld
Die Ratschläge in diesem Buch sind von Autor und Verlag sorgfältig
erwogen und geprüft; dennoch kann eine Garantie nicht übernom-
men werden. Eine Haftung des Autors bzw. des Verlags und seiner
Beauftragten für Personen-, Sach- und Vermögensschäden ist aus-
geschlossen.
Gesetzt aus der Stone Serif und der Syntax
Satz: HEVO GmbH, Dortmund
Druck und Bindearbeiten: Ebner Ulm
Printed in Germany
ISBN 3-612-20548-X

Inhalt

Einleitung

Die Heilkraft der Farben wird schon seit Jahrhunderten von der Wissenschaft genutzt. Ärzte, Psychologen und Heilpraktiker setzen die »Chromo-Therapie« (oder Farbtherapie) heute immer häufiger bei Krankheiten ein.

Heute gibt es zahlreiche wissenschaftliche Untersuchungen über die Wirkung von Farben auf den menschlichen Körper, und man weiß längst, daß Farbe nicht nur über das Auge, sondern auch über die Haut wahrgenommen wird: Die feinen Nervenenden der Hautoberfläche (von ihnen gibt es etwa sechs Millionen!) registrieren die Farbreize und leiten diese Empfindungen ins Rückenmark weiter. Von dort geht die Verteilung spezifisch an die entsprechenden Organe. Die Verbindungsflächen der Haut nennt man »Headsche Zonen«. Auch diese sind besonders empfänglich für den Farbenreiz. Die stärkste Wirkung zeigt sich vor allem im psychosomatischen Bereich.

Mit Farben heilen – dafür ist sicherlich ein erfahrener Farbtherapeut zuständig. Aber in sehr vielen Fällen können Sie sich auch selbst helfen oder eine ärztliche Behandlung unterstützend begleiten – durch Wohn- und Kleidungsfarben, durch die Farben der Nahrung und auch durch die gezielte Anwendung von farbigem Licht. Dieses Buch will Ihnen dabei helfen, die Wun-

derwelt der Farben zu entdecken – auch für Ihre Gesundheit.

Was ist Farbe?

F arbe ist diejenige Gesichtsempfindung eines dem Auge strukturlos erscheinenden Teils des Gesichtsfeldes, durch die sich dieser Teil bei einäugiger Betrachtung mit unbewegtem Auge von einem gleichzeitig gesehenen, ebenfalls strukturlosen, angrenzenden Bezirk allein unterscheiden kann.« (Normblatt DIN 5033 des Fachnormenausschusses im Rahmen der »Commission internationale d'éclairage« [CIE])

Sehr verständlich für den Laien ist diese Definition der Farbe nicht. Also versuchen wir eine einfachere Erklärung: Farben entstehen in unserem Gehirn, wenn Licht mit unterschiedlicher Wellenlänge auf unser Auge trifft. Die kürzeste Wellenlänge erzeugt die Farbe Violett, die längste die Farbe Rot. Dazwischen liegen Blau, Grün, Gelb und Orange.

Das Sonnenlicht erscheint uns weiß, setzt sich aber aus verschiedenen Farben (Spektralfarben) zusammen. Diese Entdeckung machte 1762 der englische Physiker Isaac Newton, als er einen Regenbogen betrachtete. Bei dieser Naturerscheinung treffen die Sonnenstrahlen auf die Wassertropfen in der Luft und werden dabei »gebrochen«, das heißt: in ihre farbigen Bestandteile zerlegt. Schickt man einen Lichtstrahl durch einen keilförmigen Glaskörper (Prisma), wird das weiße Licht ebenfalls zerlegt.

Ein Gegenstand erscheint uns in einer bestimmten Farbe, wenn er nur diese Farbe zurückwirft, die anderen Spektralfarben aber »verschluckt« (absorbiert). Absorbiert ein Körper alle Farben, sehen wir ihn schwarz. Wirft er alle zurück (= Reflexion), sehen wir ihn weiß.

Laut Brockhaus ist die Farbe »als Sinnesempfindung keine physikalische Eigenschaft der Dinge (das heißt des Gegenstandes, von dem eine solche Strahlung ausgeht), sondern das Ergebnis einer von der räumlichen Zuordnung losgelösten Strahlungsbewertung durch den Gesichtssinn und daher physikalischen Messungen nicht direkt zugänglich«.

Trotzdem wird oft – sowohl im wissenschaftlichen als auch im alltäglichen Sprachgebrauch – die jeweils wahrgenommene Farbe der auslösenden Lichtstrahlung (beispielsweise blaues, rotes oder weißes Licht) und dem entsprechend seiner Absorptions-, Reflexions- und Transparenzeigenschaften lichtemittierenden Körper (als dessen Körperfarbe) zugeordnet.

In der Welt, in der wir leben, wird – zumindest am Tag – alles Leben bestimmt von der Strahlung der Sonne. Ein Ausschnitt ihrer Strahlen erreicht die Erde – Schwingungen und Wellen mit sehr unterschiedlichen Längen, die man inzwischen nach ihren Frequenzen unterscheiden kann. Sie werden in der Längeneinheit Nanometer gemessen – dies entspricht einem Milliardstel Millimeter.

Das menschliche Auge sieht Licht im Bereich der Wellenlängen von rund 380 Nanometer (nm), was etwa dem Violett entspricht, bis 780 nm, was wir als Rot wahrnehmen. Diesseits und jenseits dieses Bereiches nehmen wir Lichtwellen mit dem Auge nicht mehr wahr – z. B. Ultraviolett und Infrarot befinden sich außerhalb unseres Wahrnehmungsvermögens.

Die Wellenlängen der Spektralfarben:
Rot –   660 nm
Orange – 600 nm
Gelb –   580 nm
Grün –   530 nm
Blau –   460 nm
Violett – 420 nm

Unsere »Elementarfarben« Rot, Gelb, Grün, Blau sind als Grundkategorien übrigens neueren Datums. Einige internationale Klassifizierungssysteme gehen sogar nur von drei Basisfarben – nämlich Gelb, Rot und Blau – aus, aus denen alle übrigen Farbtöne gemischt werden. Auch Farblichtmischungen, z. B. bei Bühnenbeleuchtungen, arbeiten nur mit drei Grundfarben: Hier sind es Rot, Grün und Blau – wobei Gelb als Sekundärfarbe angesehen wird.

Die alten Griechen beispielsweise kannten unsere Grundfarben noch nicht. Sie beschrieben die Farben eher als Vergleiche, wie wir es häufig ebenfalls tun: Anthrazitgrau, Resedagrün usw.

In der Kulturgeschichte der Farben gibt es einige Kuriosa über die Farbwahrnehmung des menschlichen Auges:

- So wurden in der berühmten Pariser Gobelinmanufaktur um das Jahr 1750 schon etwa tausend Farbarten bei den verschiedenen Fäden unterschieden – viele davon in zwölf Helligkeitsstufen, so daß insgesamt rund 12.000 Fadensorten zusammenkamen.

- Man weiß heute, daß das menschliche Auge bis zu 600.000 Farbnuancen unterscheiden kann.

- Besonders interessant ist die unterschiedliche Bedeutung und Wahrnehmung von Farben bei den verschiedenen Völkern. So unterscheiden die Maori in

Neuseeland z. B. 10 verschiedene Sorten Weiß, 40 Wolkenfarben, 21 Blautöne, und sie haben etwa 600 (!) Worte für die Farbe Grün.

Zusammenfassung

Der Farbeindruck entsteht durch Licht mit unterschiedlicher Wellenlänge (Nanometer). Wir unterscheiden heute die Elementarfarben Rot, Gelb, Grün und Blau; aus den sogenannten Basisfarben Rot, Gelb und Blau können alle anderen Farbtöne (z. B. Grün, Orange, Braun) und Farbnuancen (Helligkeit/Tiefe des Farbtons – hellgrün, dunkelgrün) gemischt werden.

Wie nehmen wir Farben wahr?

Unsere optischen Eindrücke von unserer Umwelt machen ungefähr 80 % aller unserer Sinneswahrnehmungen aus. Das Auge ist also unser wichtigstes Wahrnehmungsorgan.

In der Netzhaut befinden sich die sogenannten Stäbchen und Zäpfchen, die Lichtsinneszellen des Auges. Die etwa hundert Millionen Stäbchen treten bei schwachem Licht in Aktion und können nur schwarze, weiße und graue Töne unterscheiden. Die rund sechs Millionen Zäpfchen fordern mehr Licht und sind für das Farbensehen verantwortlich. Es gibt drei Varianten dieser Zäpfchen, die für die verschiedenen Wellenlängen empfänglich sind. Am empfindlichsten reagieren sie auf die Farben Rotorange, Grün und Blau.

Gesunde Augen können sich an unterschiedliche Lichtstärken anpassen. Sie empfinden dann Gelb und Rot bei hellem Sonnenschein als reinste und dominierendste Farben. Bei Dämmerlicht werden dagegen Blau und Grün am intensivsten aufgenommen. Der Sehvorgang ist ein komplizierter biochemischer und nervlicher Prozeß, dessen vielfältige Details noch nicht restlos von der Wissenschaft geklärt werden konnten.

Die verschiedenen Sehzellen sind nicht unbegrenzt aufnahmefähig, sie brauchen immer wieder eine gewisse Erholungszeit. Sie lösen sich deshalb ständig ab, so

WIE NEHMEN WIR FARBEN WAHR?

daß eine kontinuierliche farbgetreue Wiedergabe der optischen Eindrücke möglich ist. Dadurch ist das Auge ständig in Bewegung. Wenn dieser Prozeß unterdrückt wird, hört die Farbempfindlichkeit für einen kurzen Moment auf. Gleich danach entsteht ein Kompensationseffekt: Man glaubt plötzlich die Komplementärfarbe zu sehen. Ein Auge, das beispielsweise durch das Starren auf eine rote Fläche müde geworden ist, empfindet grün flimmernde Nachbilder und umgekehrt. Der gleiche Effekt kann auch bei den Farben Blau und Gelb auftreten.

Interessant ist in diesem Zusammenhang, daß Farbenblindheit sich auf diese beiden Paare von Komplementärfarben beschränkt. Farbenblinde sind übrigens entweder rot-grün- oder gelb-blau-blind, fast nie beides. **Männer sind häufiger farbenblind als Frauen** Statt rot und grün sehen sie nur grau. Farbenblind sind etwa 5 % aller Menschen – unabhängig von der Rassenzugehörigkeit, jedoch gibt es geschlechtsspezifische Unterschiede. Frauen sind farbtüchtiger, und Farbenblindheit ist bei ihnen so gut wie unbekannt. Das läßt den Anteil farbenblinder Männer auf über 8 % steigen.

Der Grund: Für unsere Farbtüchtigkeit sind bestimmte Anlagen in den X-Chromosomen zuständig, von denen die Frauen zwei, die Männer aber nur eines besitzen.

Licht dringt keineswegs nur über das Auge in den Organismus ein – andernfalls müßten Blinde in ihrem Stoffwechsel stark gefährdet oder geschädigt sein und enorme Ausfallerscheinungen aufweisen. Man hat jedoch durch exakte Blut- und Harnanalysen festgestellt, daß sich der Stoffwechselhaushalt von Blinden nur unwesentlich von dem sehender, gesunder Menschen unterscheidet.

Aber nicht nur weißes, sondern auch farbiges Licht

wirkt auf blinde Menschen. Sie sind oft in der Lage, die einzelnen Farben durch die Haut zu »fühlen« und dadurch zu identifizieren. So bevorzugen beispielsweise organisch gesunde Blinde die Farbe Blau. Es gibt aus Rußland und England Berichte über verschiedene Experimente, in denen Blinde durch das Abtasten mit den Fingerspitzen Farben identifizieren konnten.

Die Farbwahrnehmung bei Tieren

In vielen Fällen verfügen Tiere über weit bessere Sinnesorgane als der Mensch. So ist der Geruchssinn beispielsweise bei Hunden wesentlich differenzierter, und eine Fledermaus kann noch Töne wahrnehmen, die wir nur mit empfindlichen technischen Geräten zu orten vermögen. Auch das Sehvermögen ist bei zahlreichen Tieren – man denke nur an die berühmten »Adleraugen« – wesentlich besser entwickelt. Für die Farbwahrnehmung unserer Umwelt scheint dies allerdings nicht zu gelten.

Das Farbensehen ist in der Tierwelt bei den einzelnen Arten ganz unterschiedlich ausgeprägt, entsprechend ihrer Lebensweise und der Umweltbedingungen. Viele Tierarten können Farben gar nicht sehen, z. B. Geckos. Andere Arten können nur bestimmte Farben sehen, die für ihr Überleben wichtig sind. Ameisen verfügen beispielsweise über eine besonders ausgeprägte Farbwahrnehmung: So können sie Ultraviolett erkennen und weisen außerdem eine besondere Empfindlichkeit im Gelbbereich aus. Insekten dagegen sehen kaum Rot – sie benötigen diese Fähigkeit nicht, weil es in der Natur kaum rote Blüten gibt. Das Gegenteil ist bei Vögeln der Fall, denn eine ihrer Hauptnahrungsquellen sind

Früchte und Beeren, die in den meisten Fällen eine rote Farbe haben.

Interessant ist, daß Vögel bei der Nahrungsaufnahme eine ebensolche Abneigung gegen blaugefärbtes Futter haben wie wir Menschen gegen blaugefärbte Speisen.

Das Farbsehen ist bei Tieren entsprechend ihrer Lebensweise unterschiedlich ausgeprägt

Dies konnte bei Experimenten mit Haushühnern festgestellt werden, denen man gewöhnliche Reiskörner anbot, die mit unterschiedlichen Farben angestrahlt wurden. Die rot, gelb und grün erscheinenden Körner wurden rasch aufgepickt, die blauen jedoch liegengelassen. Hühner, denen man ausschließlich blau angestrahltes Futter anbieten würde, würden höchstwahrscheinlich verhungern.

Aber Tiere reagieren nicht nur auf Futterfarben – auch die Farbe ihrer Umgebung ist von großer Bedeutung für ihr Wohlbefinden, ihre Gesundheit und in manchen Fällen – wie Experimente gezeigt haben – auch für ihr Überleben. Dabei spielt offensichtlich nicht nur die optische Farbwahrnehmung eine Rolle, sondern die Strahlung wirkt auch unmittelbar auf den Körper.

Der Farbforscher Heinz Schiegl berichtet beispielsweise von einem Versuch, bei dem Ameisen in ein mit rotem Glas bedecktes Kästchen gesetzt wurden. Sie wurden schnell nervös und liefen in größter Unruhe hin und her. Ersetzte man das rote Glas durch blaues oder violettes, wurden die Ameisen wieder ruhig und zeigten ein normales Verhalten.

Bei einem anderen Experiment starb ein Chamäleon eine halbe Stunde nachdem man es in einen roten Glaskäfig gesetzt hatte. Das von Natur aus träge Tier wurde plötzlich sehr hastig, seine braune Haut wurde dabei gelb und schließlich schmutzig-weiß. In grünem und blauem Licht hatte sich das Tier dagegen sichtlich wohl gefühlt.

Ein besonders extremes Beispiel über Einfluß von Farben lieferten Versuche mit Mäusen und Ratten. Die Tiere wurden in speziellen Glaskäfigen gehalten und monatelang ununterbrochen einem bestimmten Farblicht ausgesetzt. Sie bekamen genügend Luft und Auslauf, dazu bestes Futter – dennoch starben viele Tiere an der einseitigen »Farbnahrung«.

In der Landwirtschaft findet der Einfluß von Farben auf Nutztiere bereits Anwendung. Bekannt sind die fliegenabwehrenden blaugestrichenen Fenster, die schon seit Generationen von Bauern dazu benutzt wurden, um ihr Vieh vor lästigen Insekten zu schützen. Inzwischen gibt es auch schon zahlreiche Kuhställe, deren Wände lindgrün getüncht sind – in einer solchen Umgebung sollen Kühe wesentlich mehr Milch geben als in weiß gekalkten Stallungen.

Der schwedische Farbtherapeut Karl Ryberg berichtet von Fällen aus der Veterinärmedizin, wo überanstrengte Arbeitspferde mit Erfolg in Ställen mit blauen Fenstergläsern gehalten wurden, um so die Erholungsphase zu intensivieren. Ein weiteres Beispiel: Der Stall von **In Landwirtschaft und Nutztierhaltung werden Farben gezielt eingesetzt** Rennpferden bekam einen blauen beziehungsweise einen orangeroten Innenanstrich. Die Tiere in der blauen Abteilung beruhigten sich nach einem Rennen verhältnismäßig schnell, während die in dem orangeroten Stall untergebrachten Tiere länger nervös blieben.

Auch in der Pelztierzucht werden Farben eingesetzt, um höhere Gewinne zu erzielen. So sind die weißen Winterfelle des Nerzes begehrter als das normale braune Fell. In der Natur entsteht weiße Farbe durch eine Hormonausschüttung, mit der das Tier auf die extrem kurzen Wintertage reagiert. In der Zucht nun setzt man die Nerze täglich einige Stunden lang einem bläulichen Licht aus, das dem eines frostigen Polartages ähnlich ist.

Ebenfalls auf Blaulichtbestrahlung reagieren Chinchillas: Es entsteht ein Überschuß an Weibchen. Da diese einen weicheren und feineren Pelz haben, sind sie für die Züchter wertvoller. Bei Rotlichtbestrahlung würde ein Überschuß an Männchen entstehen.

Übrigens reagieren nicht nur Tiere, sondern auch Pflanzen sehr stark auf Farben. Sie zeigen bei veränderten Farbschwingungen ein verändertes Aussehen, haben einen anderen Geschmack und eine andere Konsistenz.

So wachsen Bohnen bei Rotlichtbestrahlung etwa dreimal so schnell wie unter normalem Sonnenlicht. Auch Erdbeeren gedeihen unter roter Bestrahlung wesentlich besser als unter Normallicht. Die Früchte werden größer, süßer und saftiger. So steigert sich auch der Ertrag von Tomaten um bis zu 20 %, wenn man die Beete mit roten statt der bisher üblichen schwarzen Folien auslegt. Das ergaben Untersuchungen des landwirtschaftlichen Forschungsdienstes in Florence, South Carolina/USA.

Rot, Gelb und Orange sind im allgemeinen wachstumsfördernd, während Blau Wachstumshemmungen hervorruft. Das gilt allerdings nicht für Kresse, die offensichtlich eine Ausnahme unter den Pflanzen bildet, denn sie wird bei rötlichem Licht dünn und bitter und bei Bestrahlung mit grünem Licht strohig. Dagegen sprießen unter bläulichem Licht üppige, wohlschmeckende Pflanzen.

Kartoffeln bevorzugen weiße Folie, unter denen sie bis zu 25 % Mehrertrag bringen. Im Weinbau hat man entdeckt, daß sich Hefepilze am wohlsten fühlen und den besten Wein ergeben, wenn die Maischbottiche gelb beleuchtet werden.

Es gibt noch zahlreiche andere Beispiele dieser Art, die vermuten lassen, daß zu jeder Pflanzenart eine ganz bestimmte Farbe paßt.

Zusammenfassung

Der Sehvorgang ist ein komplizierter nervlicher (neuronaler) und biochemischer Prozeß, der noch nicht in allen Details wissenschaftlich geklärt ist. In der Netzhaut des Augen befinden sich die sogenannten Stäbchen (für das Lichtsehen) und die Zäpfchen (für das Farbensehen). Die von ihnen aufgenommenen Lichtimpulse werden von den Lichtsinneszellen an das Gehirn weitergeleitet, dort entsteht dann das Farbbild. Aber auch unser Körper und unsere Haut können offenbar Licht und Farbe »sehen« bzw. empfinden.

Das Farbensehen ist im Tierreich ganz unterschiedlich ausgeprägt, angepaßt an Lebensweise und -raum der einzelnen Tierarten. Farben können nicht nur auf Menschen, sondern auch auf Tiere und Pflanzen ganz spezifische Wirkungen haben, die zum Teil auch in der Landwirtschaft genutzt werden.

Farbsymbolik

Farben haben auch immer einen tiefen symbolischen Gehalt gehabt – und haben ihn noch. Nicht umsonst verlangt ja eine Redensart, daß jemand »Farbe bekennen« muß – er soll also offen über sein Handeln Auskunft geben und sich und den anderen möglichst noch seine Beweggründe klarmachen. Der Ausdruck stammt aus dem Mittelalter, als die Ritter oft ihre verschiedenfarbigen Rüstungen und die darauf befindlichen, ebenfalls farbigen Wappenschilder mit einem Überwurf verhängten, um nicht gleich erkannt zu werden. Im ehrlichen Zweikampf von Mann zu Mann war es allerdings eine Frage der Ehre, die eigene Identität nicht länger zu verbergen – eben »Farbe zu bekennen«. Eine große Rolle spielten Farben in früheren Zeiten auch im militärischen Zusammenhang. Während bei Uniformen Farben heute fast nur noch dazu verwendet werden, den Feind zu täuschen und den Freund zu tarnen, sollten sie früher auszeichnen und imponieren. Erfolge und eine höhere Stellung in der militärischen Hierarchie wurden (und werden auch heute noch) durch rote Biesen und goldene Tressen symbolisiert. Auch Studentenverbindungen »tragen Farben«.

Vor allem aber sind auch die verschiedenen Nationen durch die Farbe ihrer Flaggen symbolisiert. Diese enthalten in ihrer Kombination einen eigenen Gefühlswert, der über den der reinen Farbe allerdings noch hinausgeht.

Auch politische Parteien werden oft nicht nach ihren offiziellen Bezeichnungen benannt, sondern häufig als »die Schwarzen«, »die Roten«, »die Grünen« bezeichnet. In der deutschen Geschichte wurde durch den Kampf zwischen Schwarz-Weiß-Rot (was für eine monarchistisch-autokratische Gesellschaft stand) und Schwarz-Rot-Gold (den Farben einer liberalen und demokratischen Gesinnung) ein tiefer Gefühlsgraben aufgerissen, der zwei Welten trennte.

Es ist sicherlich kein Zufall, daß unter dem Zeichen Schwarz-Rot-Gold in Deutschland jahrzehntelang die ihnen zugeordneten Parteien vorgeherrscht haben: Schwarz steht für die CDU; Gold/Gelb für die FDP und Rot für die SPD. Dabei läßt sich Schwarz für den Klerus, Gold für das Kapital und Rot für die Revolution oder durch Reform setzen. Erst in neuester Zeit gibt es eine Partei, die auch in ihrer Farbgebung »Farbe bekennt«: die Grünen.

Die Farbsymbolik zieht sich also – beginnend mit der Vorzeit – durch die Jahrhunderte. Ein »roter Faden« gewissermaßen, der – wenn man ihn aufmerksam verfolgt – viele Aufschlüsse über die Wirkung der verschiedenen Zeiten und Kulturen geben kann und uns verstehen läßt, warum viele Farben auch heute noch eine so große Bedeutung für uns haben.

Rot

Vom »roten Faden« war schon die Rede. Manchmal schreibt man dagegen »rote Zahlen« – und diese verlangen eine sofortige Reaktion. Das Akute und Intensive, das mit dem Rot verbunden ist, kann jedoch auch ins Negative umschlagen, und man »sieht plötzlich rot«. Das kann vor allem dann geschehen, wenn jemand oder etwas wie ein »rotes Tuch« auf uns wirkt – ein Begriff, der aus der Stierkampfarena kommt.

Rot wirkt anregend und aufreizend. Deshalb gilt es auch als die Farbe der guten Gesundheit, der Lebenslust und der robusten Freude. Und da die roten Backen gesunder Kinder oder »lachender« Äpfel und Pfirsiche zu den herzerfrischendsten Anblicken gehören, gewann Rot in manchen Sprachen – beispielsweise im Russischen – schlicht die Bedeutung von »schön«.

Um den Kindern diese Gesundheit zu erhalten, wurde ihnen in vielen Gegenden Deutschlands und der Schweiz ein rotes Bändchen ins Bett gelegt. Darauf beruht auch die angenommene Schutzwirkung von Korallen, die oft mit ins Kinderbett gelegt

Rot: Blut, Feuer, Gefahr, Veränderung

wurden. Die Mütter wie auch die Paten hängten dem Kind gerne Korallenbänder um, die zusätzlich noch das Zahnen fördern sollten. Auch in Böhmen legte man dem Kind etwas Rotes um den Hals und bedeckte es auf dem Weg zur Taufe gegen die Gefahren des »Berufens« mit einem roten Tuch. In der Lausitz erhielten die Kinder von ihren Paten einen roten Seidenfaden, der um den Patenbrief gebunden wurde, oder sie bekamen nach der Taufe Korallen. Im sächsischen Erzgebirge schließlich gab man dem Kinde beim Entwöhnen ein langes Band aus roter Seide.

Auch Blut und Feuer werden mit der Farbe assoziiert. Deshalb halten wir das Rot, weil es uns überwältigen könnte, häufig zurück, z. B. im Futter der Kleider und der Betten. In roten Aufschlägen, Krempen und Dessous leuchtet es allenfalls durch. Wir finden es aber auch in Etuis und Futteralen und überall da, wo ein Geheimnis gehütet wird – beispielsweise in einem Schmuckkästchen.

Darüber hinaus ist Rot das Zeichen der Pracht und Herrschaft, vor allem das Purpurrot. In den Portieren der Festsäle und Paläste, in den roten Teppichen, die zu festlichen Empfängen ausgerollt werden, begegnet es uns.

Eine große Bedeutung hat die Farbe Rot in der Religion. In Ägypten wurde die negative Kraft der Götterwelt, der Gott Seth, durch die rote Farbe symbolisiert. Seth wurden ein rotes Herz und rote Haare zugewiesen. Daraus entstanden entsprechende Redensarten: Jemand, der ein rotes Herz hatte, war zornig; rot zu werden, bedeutete zu sterben; rote Dinge zu tun, bedeutete schlechte Dinge zu tun.

In der katholischen Mythologie bedeutet Rot Unglück. In der christlichen Kirche steht es auch für Grausamkeit, Märtyrertum und Begierde. So wird auch schon in der Bibel den Farben symbolischer Charakter zugeordnet, beispielsweise bei Jesaja (1,18): »So kommt denn und laßt uns rechten, spricht der Herr. Wenn eure Sünde auch blutrot ist, soll sie doch schneeweiß werden, und wenn sie rot ist wie Scharlach, soll sie doch wie Wolle werden.«

Die Nähe zu Flammen und zum Blut hat der Farbe Rot in der christlichen Kirche die Liturgiefähigkeit gesichert. Sie wird an den Festen der Märtyrer getragen, die einst für den Glauben Blut und Leben opferten. Hier muß auch das Kardinalrot genannt werden, von dem bei der Verleihung ausdrücklich als Märtyrerfarbe gesprochen wird, obwohl es als Purpur auch eine herrscherliche, der Leidensbereitschaft entgegengesetzte Symbolik beinhaltet. Am Pfingstfest werden – als Analogie zur Herabsenkung des Heiligen Geistes auf die in Jerusalem versammelten Jünger – rote Meßgewänder getragen.

In diesem Zusammenhang ist es interessant, daß wir, wenn wir von einem »roten Tag im Kalender« sprechen, einen besonders erfreulichen Tag meinen. Merkwürdigerweise handelt es sich dabei meistens um eine rein weltliche Angelegenheit. Ursprünglich waren die »roten Tage« jedoch geheiligte, ernste und feierliche Tage im Kirchenjahr. Die Bezeichnung geht auf die Zeit zurück, in der die Tage der Heiligen und die kirchlichen Festtage im Kalender mit roter Farbe gedruckt wurden. Dies unterschied sie von allen anderen Tagen und zeigte gleichzeitig an, daß für diese Tage im Meßbuch besondere Formen des Gottesdienstes nachzulesen waren. Der Rest des Jahres war im Kalender in gewöhnlichem Schwarz gedruckt.

In den meisten Kulturen ist Rot eine der wichtigsten Farben. Das gilt auch für Nomaden- und Naturvölker. So bedeutet bei vielen afrikanischen Stämmen die Farbe Rot »Veränderung«. Beispielsweise ist der rote Sonnenaufgang eine Entwicklung zur Gesundheit und der rote Sonnenuntergang zur Krankheit hin. Als Farbe für Blut und Feuer galt und gilt Rot in Europa, Asien und Amerika. Wie tief die Beziehung zur Farbe reichen kann, zeigt eine Anekdote des Ethnologen Hans Krieg: Als er einem neuentdeckten Indianerstamm in Südamerika als Freundschaftsgabe ein Stück roten Stoff anbot, seien diese entsetzt unter dem Schock des Rot davongelaufen.

In China stand die Farbe Rot für den Süden, die Sonne und das Glück. Außerdem war es das Symbol für die positive, maskuline Energie. Häufig wurden Gebäude rot bemalt.

In der Wappenkunde des europäischen Mittelalters stand Rot für Mut. Interessant ist, daß auch die Ärzte jener Zeit rote Kleidung trugen – allerdings nicht aus dem praktischen Grund, Blutflecken zu verbergen. Vielmehr wurden Krankheiten als böse Geister angesehen, die die Seele des Patienten plagten. Das beste Mittel war, diese Dämonen mit Hilfe der roten Farbe in die Flucht zu schlagen.

Dem heutigen Menschen begegnet Rot täglich mehrfach als Haltesignal oder als Warnlampe, die aufleuchtet, wenn bei Motoren oder Apparaturen ein Schaden bevorsteht. Als die stärkste Farbe ist Rot laut und unüberhörbar. Man stutzt vor ihr – und das nicht aus Gründen der Verkehrssicherheit. Sie ruft gleichsam »Achtung!«, zeigt an, wenn das Weitergehen, das Betreten eines Raumes verboten ist. Das Rot der Feuerwehrwagen symbolisiert Feuer, Gefahr und Eile.

Mit Rot werden auch all jene Dinge gekennzeichnet, denen der erste Zugriff zu gelten hat. Meist wird auch hier das Gefährliche und schnelles Handeln assoziiert, wie bei Verbandskästen, Rettungsringen oder Notbremsen. Zuweilen handelt es sich auch um eine Aufforderung zur Beschleunigung, so bei den roten Zettelchen, mit denen die Post die Eilbriefe beklebt.

Nicht zuletzt ist Rot auch die Farbe des Aufruhrs und der Revolution, mit der von Garibaldi bis Cohn-Bendit die Barrikaden erstürmt werden sollten. Schrecken erregte diese Farbe auch da, wo sie als Rote Fahne, Roter Stern, Roter Platz und Rote Armee staatlich institutionalisiert wurde. Bei Manövern sind es die »Roten«, die zuerst angreifen.

Blau

Die Farbe Blau schafft Distanz vom unmittelbar Gegenständlichen, »entgrenzt« uns gewissermaßen. Das zeigt sich auch im Sprachgebrauch. Selbst der bespöttelte Zustand, »blau« zu sein, erhebt aus der Enge des Alltags und der Wirklichkeit. Wer einen »blauen Montag« feiert, also einfach »blau macht«, weicht dieser Wirklichkeit ebenso aus wie der »blauäugige« Arglose, der ihre Härten nicht zur Kenntnis nimmt. Blau enthebt uns der prosaischen Nähe. Deshalb fahren wir auch so gern »ins Blaue« oder lügen auch schon einmal »das Blaue vom Himmel« herunter. Mitunter machen wir uns auch blauen Dunst vor. Und in der »Blauen Stunde« läßt es sich am besten träumen.

Wenn es im Englischen heißt: »I feel blue«, so bedeutet dies, daß sich jemand in einer weltfernen, melancholischen Stimmung befindet. Man kann auch sagen: »I've got the blues.« Nicht umsonst kann man bei einem traurigen Blues auch Tränen vergießen. Und hinter einem »blue movie« verbirgt sich ein saftiger Pornofilm, der auch nicht unbedingt etwas mit der Wirklichkeit zu tun haben muß.

Blau ist die Farbe des weiten Himmels und der offenen See, die Farbe der Ferne und des Fernwehs, der Seefahrt wie der Luftfahrt, der Sehnsucht nach dem Wunderbaren und dem Transzendenten. Aladins Wunderlampe ist blau und auch die Blume der Romantik. Goethe bescheinigt dieser Farbe eine »unruhige, weiche, sehnende Empfindung«. Die Farbe Blau sei »in ihrer höchsten Reinheit gleichsam ein reizendes Nichts«.

Mit der Farbe Blau werden auch besondere Leistungen gewürdigt. Das Blaue Band des Ozeans ist die Auszeichnung für das Passagierschiff, das den Atlantik zwischen den britischen Scilly-Inseln und New York am schnellsten überquert. Auch die Sieger im Deutschen Galopperderby werden seit 1869 mit dem Blauen Band geehrt.

Auch Treue und Beständigkeit werden durch das Blau symbolisiert – z. B. auch bei den Blumen Vergißmeinnicht und Wegwarte. Das »Blaue Kreuz« will all denen, die allzuoft »blau« sind, zu Beständigkeit im Verzicht auf Alkohol verhelfen.

Blau wird auch als eine Glücksfarbe angesehen, die den Träger dieser Farbe zu beschützen vermag, z. B. als Schutz gegen den »bösen Blick«, besonders im Orient. Türkische Kraftfahrer beispielsweise schützen sich und ihre Fahrzeuge häufig durch blaue Perlen aus Glas oder Keramik sowie durch kleine Plastikperlen oder Knöpfe, die Augenformen haben. Solche blauen Amulette verschiedener Art werden genauso an Maulesel- und Pferdegeschirren angebracht.

Interessant ist in diesem Zusammenhang, daß kleine Jungen sehr häufig in Blau gekleidet werden. Von alters her glaubte man, daß Dämonen drohend über kleinen Kindern lauerten. Außerdem wurde geglaubt, diese bösen Geister könnten bestimmte Farben, vor allem Blau, nicht vertragen. **Blau: Himmel, Wasser, Ferne, Transzendenz** Blau, die Farbe des Himmels, nahm diesen Dämonen die Kraft und vertrieb sie. Einen kleinen Jungen blau anzuziehen war also nicht eine Sache der Vorliebe, sondern eine notwendige Vorsichtsmaßnahme.

Vielleicht ist die schützende, rettende »Macht« der Farbe Blau in der mythischen Symbolik der Grund dafür, daß Blaulicht auch für Polizei-, Feuerwehr- und Notarztwagen verwendet wird, wenn sich diese im Einsatz befinden. Und die alten Feuermelder waren neben dem roten Hahn auch mit einer blauen Lampe gekennzeichnet.

Im alten Ägypten wurde die Farbe Blau dem Gott Amun, dem Götterkönig und Weltenschöpfer, wegen seiner kosmischen Verbindungen zugewiesen.

Auch bei den Hebräern galt Blau als Glücksfarbe. So ist die Fahne Israels dem blaugestreiften Gebetsteppich nachgebildet, den der Mann auf den Boden legt, wenn er sich dem Unendlichen zuwendet. Auch im alten China trugen die Kaiser Blau, wenn sie die Götter anbeteten.

Im Hinduismus gilt Blau als Farbe des Krieges und der Fruchtbarkeit, während es in der keltischen Mythologie als die Farbe der Dichter und Sänger gilt.

Vor allem in den katholischen Ländern bezeichnet Blau als Farbe der Jungfrau Maria das Reine und Keusche. So trägt sie auf Bildern und Plastiken nicht nur einen blauen Mantel, sondern häufig auch einen blauen Saphir als bevorzugten Schmuckstein.

Die Cherubim, die nicht nur die Engel der Weisheit sind, sondern auch das heranwachsende Kind beschützen, tragen ebenfalls blaue Gewänder. In der mittelalterlichen Sakralkunst steht die Farbe Blau für das schöpferische Hineinwirken Gottes in die irdische Welt, das besonders in der Kindheit zu spüren ist.

Aber Blau ist nicht nur die Farbe der »Entgrenzung«, sondern auch der Kühle, Ordnung, Rationalität und Disziplin. Es ist deshalb als Uniformfarbe besonders geeignet – so fast überall bei Bahnbeamten, häufig bei der Polizei, immer bei Matrosen und Stewards. Aber wir finden es auch im »Blaumann« oder »blauen Anton« wieder, der Kleidung der Arbeiter. Und die Chinesen wurden ja auch als »blaue Ameisen« bezeichnet – wegen ihrer Disziplin und ihrer einheitlichen blauen

Arbeitsanzüge. Auch Bluejeans sind ursprünglich eine Arbeitskleidung gewesen. Und die Blauhemden sind ebenso eine Uniform wie das Blau der preußischen Regimenter oder der »Blauen Dragoner«. Noch in den Farbbezeichnungen Preußischblau und Marineblau ist dies enthalten.

In allen Schattierungen ist Blau die Farbe des Bankwesens und der Großkonzerne, denn es wirkt nüchtern, konservativ und diskret. Auch die meisten dort beschäftigten Angestellten bevorzugen dunkelblaue Kleidung und unterstreichen damit den Eindruck der Tradition und Seriosität.

Gelb

Diese Farbe wird im allgemeinen als Farbe der Sonne und des Glücklichseins, des Lichts und des Lebens betrachtet. Im allgemeinen Sprachgebrauch ist die Farbe Gelb jedoch sehr negativ besetzt. Sie wird mit Neid, Betrug, Unaufrichtigkeit und Falschheit in Verbindung gebracht. So wird man »gelb vor Neid«, und im Englischen ist jemand »yellow«, wenn er ein Feigling ist. Auch der Begriff »yellow press« – bei uns soviel wie Sensations- oder Regenbogenpresse – ist eine abwertende Bezeichnung.

Die Verbindung von Licht/Energie und Gelb spiegelt sich auch in alten Volksbräuchen wider. So wirkte angeblich die Blüte der gelben Arnika, der Donnerblume, gegen Blitzschlag, wenn man sie bei Gewitter ins Fenster stellte. Wer dagegen eine gelbe Königskerze zu pflücken wagte, bei dem schlug der – ebenfalls gelbe – Blitz ein. Schwefelgelb ist die Farbe des Teufels, der ja auch Luzifer – also Lichtbringer – heißt. So reicht auch hier die Symbolik des Gelbs von Gott bis zum Satan.

Oft war Gelb auch die Symbolfarbe für Krankheit: Das Gesicht eines an Gelbsucht erkrankten Menschen ist

Gelb: Sonne, Licht, Leben, Göttlichkeiten gelb, und der Eiter ist ebenfalls von dieser Farbe. Deshalb war wahrscheinlich auch die Pestfahne gelb, die aufgezogen werden mußte, wenn in einer Stadt diese tödliche Krankheit ausbrach.

Aber nicht nur körperliche Krankheiten werden mit Gelb in Verbindung gebracht, sondern auch psychische Leiden. So schreibt die symbolkundige Psychotherapeutin Dr. Ingrid Riedel: »Nach psychiatrischer Erfahrung wird Gelb tatsächlich von Schizophrenen bevorzugt.« Zugleich zitiert sie das Wort des Malers Wassily Kandinsky, »Gelb könne als die Darstellung des Wahnsinns wirken«.

Als Farbe der Sonne und des Göttlichen hat Gelb in den Religionen vieler Kulturen symbolische Bedeutung.

- So bedeutet sie im Hinduismus Leben, Wahrheit, Licht und Unsterblichkeit. Die Buddhisten sehen Gelb als Farbe der Wunschlosigkeit und Demut, und Mönche und Nonnen tragen gelbe Gewänder als Zeichen ihres Strebens nach Erleuchtung.

- Der jugendliche Sonnengott Xochipilli der Azteken erschien in Gelb, ebenso wie Mithras, der Sonnengott der alten Perser, oder der griechische Gott Helios mit dem Sonnenwagen: »Glänzend gelb ist sein Gewand, wenn er den Fluten entsteigt.«

- Eine zentrale Rolle spielt Gelb schließlich auch in der christlichen Symbolik – etwa bei den Engeln, vor allem bei dem Erzengel Gabriel. Hier verdeutlicht diese Farbe den schimmernden Schein der Sonnenstrahlen des Geistes, die als Weisheit den Engel berühren. Gelb/Weiß sind übrigens auch die Farben des Papstes und – anders angeordnet – des Vatikans.

- In China sah man in der kaiserlichen Familie direkte Nachkommen der heiligen Sonne. Aufgrund dieser Abstammung besaß sie das alleinige Recht, die Farbe Gelb zu tragen. Wurden andere Personen in gelben Gewändern ertappt, mußten sie diesen Frevel sofort mit dem Leben büßen.

Von besonderer Wichtigkeit ist der Hintergrund, vor dem sich die Farbe Gelb abhebt. Vor Grün leuchtet es besonders hell. Geradezu Signalwirkung verleiht es aber anderen Farben, wenn es selbst den Hintergrund bilden darf. So gilt Schwarz auf Gelb als das wirkungsvollste Farbintervall. Die Standarten der römischen Legionen und mehrerer deutscher Kaiser zeigten den schwarzen Adler auf gelbem Grund.

Aber diese Farbe der Ehre konnte sich – wie manche andere – in ihrem Symbolgehalt auch ins Gegenteil verkehren und zu einer Farbe der Schande werden. Beispiele sind die gelben Hüte, die früher die Bankrotteure tragen mußten. Vom Mittelalter bis in unsere jüngste Zeit war Gelb auch die Farbe des Judensterns.

Zusammen mit anderen Farben entfaltet Gelb oft starke Signalwirkung. So wird es als symbolisches Warnzeichen vor Strahlung (Elektrizität und Radioaktivität) verwendet. Das Ölzeug der Segler ist Gelb, es hebt sich vor dem dunklen oder blauen Hintergrund des Meeres gut ab. Werbefachleute setzen für ihre Zwecke den hohen Erkennbarkeitsgrad von »Schwarz auf Gelb« ein. Nach ihren Erkenntnissen soll er um 4 % höher liegen als der Kontrast »Schwarz auf Weiß«. Vielleicht finden wir deshalb im Telefonbuch in vielen Ländern die »gelben Seiten«? Auf jeden Fall ist jedem von uns schon die gelbe Binde der Blinden begegnet, die uns auffordert, Rücksicht zu nehmen und nötigenfalls Hilfe zu leisten.

Grün

Grün als Farbe der Jugend finden wir auch im Sprachgebrauch. Die Jugend ist meist noch grün hinter den Ohren – also unreif. Ein Grünschnabel besitzt nicht allzuviel Lebenserfahrung. Im Englischen gibt es das Wort »Greenhorn«, das eine ähnliche Bedeutung hat. Interessanterweise sagt man zwar von jemandem, daß er ein »grüner Junge« sei – grüne Mädchen dagegen gibt es nicht.

Die Farbe Grün wird auch mit Wachstum und Fruchtbarkeit sowie mit dem daraus entstehenden Reichtum verbunden. Wenn man den »grünen Daumen« besitzt, gedeihen Pflanzen im Zimmer und Garten besonders gut, und vielleicht kommt man eines Tages auf den »grünen Zweig«. Möglicherweise besitzt man dann »Geld wie Heu«. Kommt uns jemand zuvor und steckt den Gewinn ein, dann sind wir ihm nicht grün, werden möglicherweise grün vor Neid.

Grün gilt als Symbolfahne der Hoffnung, der Zuversicht und vor allem des Wachsens und Werdens. Deshalb ist Grün wohl auch die Lieblingsfarbe der naturverbundenen Menschen – z. B. der Landwirte, Förster, Jäger, Wanderer. Als Farbe der Fruchtbarkeit begegnen wir dem Grün auch im Maibaum und im Myrtenkranz der Braut.

Grün: Leben, Natur, Wachstum, Fruchtbarkeit, Hoffnung

Für Goethe stellte die grüne Farbe den Mittelpunkt seines Farbsystems dar, und er schrieb über sie: »Unser

Auge findet in derselben eine reale Befriedigung.« Und er betonte auch ihre statische, ruhende Bedeutung: »Man kann nicht weiter, und man will nicht weiter.«

Schon Hildegard von Bingen, die erste Naturforscherin des Mittelalters, feierte in ihren Schriften das Grün geradezu als göttliche Farbe (sie nannte das Grün den »Finger Gottes«) und sang Hymnen auf die »viriditas«, die Grünheit: »Am lichten Grün sind Himmel und Erde erschaffen und all die Schönheit der Welt.«

Auch im Buddhismus wird alles mit Grün in Verbindung gebracht, was mit dem Leben zusammenhängt. In der jüdischen Kabbala steht Grün für Sieg, ebenso wie im Islam.

Die christliche Symbolik kennt ebenfalls das Grün. So erinnert am Palmsonntag der Palmzweig an jenen Tag, als Jesus in Jerusalem einzog und ihm Palmwedel auf die Straße gestreut wurden. Am Gründonnerstag wird noch heute an manchen Orten junges Grün auf den Tisch gebracht – Spinat oder die ersten Kräuter, etwa in Form der »Neun-Kräuter-Suppe«. Dabei vermischt sich die christliche mit der vorchristlichen Symbolik.

In der Parsifal-Sage gilt der heilige Gral, nach dem Parsifal so lange vergebens sucht, als eine Schale aus Smaragd oder grünem Kristall. Der Gral war der Sage nach der Kelch, mit dem Josef von Arimathia das Blut Christi auffing – worin auch wieder eine tiefe Symbolik liegt: im heilenden Grün wird das Opferblut aufgefangen.

Historisch ist das Grün wohl am bekanntesten geworden durch die grüne Fahne des Propheten Mohammed. Diese – ursprünglich nur ein grünes Tuch – wurde während der Eroberungszüge des Islam nicht nur für die hinter ihr herstürmenden Moslems, sondern für die ganze damalige Welt zu einem Zeichen unwiderstehlichen Vorandrängens. Noch bis in unser Jahrhundert hinein gilt der grüne Turban als Ehrenzeichen, das nur von den direkten Nachkommen des Propheten getragen werden darf.

Im Spektrum der Parteien nennt sich heute jene Gruppe, die zur Erhaltung der Natur und des Lebens angetreten ist, ganz bewußt »Die Grünen«. Eine symbolbewußte Bezeichnung – und dies um so mehr, als ihr Programm nicht nur auf die Zukunft ausgerichtet ist, sondern eine grün bleibende Umwelt schon für die Gegenwart verlangt.

Auch die Umweltschutzorganisation »Greenpeace« ist eine »grüne« Gruppierung, die ihren Namen ganz bewußt trägt. Es ist sehr interessant, was der Psychologe Ulrich Beer über die Farbzusammenhänge in dieser Organisation schreibt: »Wie auch in der Physiologie unserer Netzhaut sind Rot und Grün aufeinander bezogen. Das Feuerrot unserer explosiven Welt soll von einer Bewegung besänftigt und geheilt werden, die sich Grün nennt und die mit ihrer mutigsten Spitze, Greenpeace, was ›Grüner Friede‹ heißt, in defensiver Gegenwehr gegen die Auswüchse der Feuerwelt kämpft. In dieser Bewegung haben erstaunlich viele eine ›rote‹ Vergangenheit. In ihnen kippt sozusagen am Punkte höchster Gefährdung die eine Kontrastfarbe in die andere, das eine Energieprinzip in das entgegengesetzte um: Rot verbrennt und verzehrt – Grün bewahrt und ernährt.«

Schwarz

Wenn wir »schwarz sehen«, malen wir uns die Zukunft in den düstersten Farben aus. Das »schwarze« Schaf ei-

ner Familie weigert sich, seine traditionelle Rolle aus-
zufüllen. Dafür erhält er dann leicht den »Schwarzen
Peter« zugeschoben oder wird »angeschwärzt«. Möglicherweise wird ihm sogar eine »schwarze Seele« ange-
dichtet. Am häufigsten verwendet man im Sprachgebrauch jedoch das Wort »schwarz«, wenn es sich um
etwas Verbotenes handelt: So gibt es Schwarzarbeit,
Schwarzhandel und Schwarzmarkt, und für Schwarzarbeit gibt es mitunter auch »schwarzes Geld«.

Schwarz ist die Farbe der Nacht und des Todes, deshalb wird es in westlichen Ländern auch als Trauerkleidung getragen. Ursprünglich hatte diese Farbe nichts
mit Andacht, dem Gedenken an einen Toten oder dem
Wunsch, seine Trauer auch äußerlich zu zeigen, zu
tun. Im Gegenteil: In vorchristlicher Zeit war die
schwarze Trauerkleidung ein Ausdruck der Furcht, und
der Brauch entstand nicht aus Achtung, sondern aus
Furcht vor den Toten.

Mit ihren schwarzen Gewändern wollten sich die Menschen verkleiden, damit sie nicht von dem Geist des
Verstorbenen erkannt wurden, der sie sonst verfolgen
könnte. Das Tragen schwarzer Kleidung und die Ver-
schleierung des Gesichts sollte auch gegen den eigenen
Tod schützen. Die Dämonen, die noch am Orte des Todes weilten und nach weiteren Opfern Ausschau hiel-
ten, sollten dadurch irregeführt werden. Bei manchen
Völkern war die weiße oder schwarze Bemalung des
Gesichts zur Irreführung der Dämonen gedacht, die
glauben sollten, die Trauernden seien selbst Gespenster
und nicht um ihr Leben zu beneidende Geschöpfe.

Auch heute gibt es noch viele abergläubische Vorstellungen, die mit der Farbe Schwarz verbunden sind.
Wer kennt nicht die Kinderlieder: »Wer fürchtet sich
vorm schwarzen Mann?« oder »Ist die schwarze Köchin

da?« Aber Schwarz kann auch Glück bringen – etwa, wenn man einem Schornsteinfeger begegnet. Mit einer

Schwarz: Nacht, Tod, Dämon, Furcht schwarzen Katze dagegen kann man sowohl Glück als auch Pech haben – je nachdem, aus welcher Richtung sie einem über den Weg läuft.

Darüber hinaus symbolisiert die schwarze Farbe aber auch Bosheit und Strafe. So segelten beispielsweise die Seeräuber unter der gefürchteten schwarzen Flagge. Und auch die Karren der Henker waren von schwarzer Farbe, wie auch deren Umhänge und Kapuzen.

Während in der hebräischen Kabbala-Tradition Schwarz für Tradition, Gnade und Verständnis steht, symbolisiert in der christlichen Kirche diese Farbe den Tod und die Dunkelheit. Gerade die katholische Kirche kennt in ihren liturgischen Gewändern viele Farben – aber im Alltag tragen auch die Priester Schwarz, ebenso wie die Pastoren und auch die islamischen Mullahs. Dadurch setzen sie sich von der Farbigkeit oder Grauheit des »gemeinen Volkes« gleichermaßen ab. Der Mystiker Jakob Böhme meinte, die Farbe Schwarz gehöre »nicht in die Zahl der Farben. Sie ist Mysterium und unverstanden.«

Während bei den Naturvölkern Asiens und Amerikas wie auch im früheren (und heutigen) Europa Schwarz die dunklen, angstbesetzten und versteckten Kräfte von Natur und Mensch symbolisiert und auch in den meisten Gegenden Afrikas Schwarz die Farbe der Macht, des Todes und der Krankheit ist, gibt es gerade in Afrika auch positive Aspekte dieser Farbe. So hat sie für den Viehzüchterstamm der Massai die Bedeutung von Gewitterwolken, die beispielsweise in der Trockenzeit sehr erwünscht sind.

Schwarz ist auch politisch besetzt: Es ist die Farbe der

Anarchie. Politisch-kulturell assoziiert man diese Farbe auch mit dem Existentialismus – einer philosophischen Richtung, die während der fünfziger Jahre vor allem in Frankreich populär war.

Heute ist schwarze Kleidung besonders bei solchen Jugendlichen populär, die sich »Grufties« nennen. Sie feiern ihre Parties mitunter bei Kerzenschein auf Friedhöfen bei entsprechender Musik. Wenn es auch manchmal dabei zum Experimentieren mit »Schwarzer Magie« oder zu sogenannten »Schwarzen Messen« kommt, bei denen Jugendliche in gefährdende oder sogar gefährliche Situationen geraten können, handelt es sich bei den meisten »Grufties« um junge Menschen, die dadurch nur ihr Anderssein und ihre Ablehnung unserer saturierten Gesellschaft ausdrücken wollen.

Weiß

Im allgemeinen Sprachgebrauch bezeichnet die Farbe Weiß das Unbekannte und Unerforschte, das zu einem »weißen Fleck auf der Landkarte« wird, also gewissermaßen ein unbeschriebenes Blatt ist. Wer sich nichts hat zuschulden kommen lassen – oder sich zumindest nicht dabei erwischen ließ –, hat eine »weiße Weste«. Bezeichnenderweise dokumentiert ein »Weißbuch« die grundsätzliche politische Haltung einer Regierung zu einer bestimmten Frage.

Weiß symbolisiert die Reinheit und das Jungfräuliche. Kleid und Schleier der Braut sind weiß, und auch bei Taufe, Firmung, Erstkommunion sowie meistens bei der Konfirmation werden die Kinder in Weiß gekleidet. Aber auch das Totenhemd ist weiß. Und in vielen Ländern – z. B. in Korea, Vorderindien, Borneo, Java und China – ist die Trauerkleidung ebenfalls weiß. Auch in Europa ist nicht immer Schwarz die allgemeine Trauerfarbe gewesen – so trug Heinrich VIII., als er um Anna Boleyn »trauerte«, weiße Kleidung. Bei Beerdigungen werden überwiegend weiße Blumen zur Dekoration verwendet – ein Grund, warum viele Menschen es als unglückverheißend ansehen, wenn man einem Kranken weiße Blumen schenkt.

Weiß: Reinheit, Jungfräulichkeit, Redlichkeit

Im Buddhismus wird die Farbe Weiß als Symbol für die Fähigkeit, sich selbst gemeistert zu haben, betrachtet. Im christlichen Glauben steht Weiß für Freude und Einheit. So werden auch die Engel vorwiegend in weißen Gewändern dargestellt – besonders jene Engel, die eine göttliche Botschaft zu überbringen haben, beispielsweise der Erzengel Gabriel aus der Verkündung Mariens oder der Auferstehungsengel. Als liturgische Farbe erscheint in der katholischen Kirche die Farbe Weiß in den Priestergewändern an kirchlichen Freudentagen. Auch der Papst trägt Weiß.

Die weiße Flagge – die ein altes Zeichen für Treue und guten Willen ist – gilt heute als ein Ausdruck der Kapitulation. Wer die weiße Fahne zeigt, gibt auf, weil er die Übermacht des Stärkeren erkennt und anerkennt.

Als Inbegriff von Reinheit erscheint uns die Farbe Weiß auch heute noch. Als solcher taucht er selbst in der Werbung auf: Waschmittel waschen nicht nur sauber, sondern auch »rein«. Ein solcher Weißmacher – so wird unterschwellig suggeriert – wäscht unsere Schuldgefühle einfach weg.

Grau

»Grau, mein Freund, ist alle Theorie«, heißt es in Goethes »Faust«. Trist erscheint uns oft der »graue Alltag« – es sei denn, es zeigt sich die höchste Veredelung dieser Farbe, nämlich das Silber, als der berühmte »Silberstreif am Horizont«.

Auch das graue Haar des Alters hat eine andere Qualität als das schon fast verklärende Silberweiß. Und die Erzählungen von »Frau Sorge« oder von der »Regentrude« kleiden nicht nur die Titelgestalten in graue Gewänder – letztlich unterstreichen sie auch im Stil die graue Tristesse.

Grau: Tristesse, Ausdruckslosigkeit, Melancholie

Die Farbe Grau scheint das »Aschenputtel« unter den Farben zu sein (auch Asche ist ja grau) – und so läßt sich sehr wenig darüber sagen.

Der Psychologe Ulrich Beer bringt diese Ausdruckslosigkeit auf den Punkt, wenn er schreibt: »Grau scheint keinen Ausdruck zu haben, aber eben in dieser Ausdruckslosigkeit liegt sein Sinn – ähnlich der Null unter den Zahlen.«

Und was wäre unsere ganze Mathematik ohne die Null?

Braun

Auch die Farbe Braun ist – wie das Grau – eher »gesichtslos«. Es gibt nicht einmal irgendwelche Redensarten, in denen sie vorkommt. Dabei ist das Braun als Farbe der Erde bereits in frühen Kulturen häufig verwendet worden. Es kann einerseits Absage an die Welt bedeuten, wie beispielsweise in den Mönchskutten der Franziskaner. Andererseits ist es aber

Braun: Erde

auch die Farbe der Erde und alles Nahrhaften: Brot, Kuchen, Schokolade, Tee, Kaffee, Bier und Braten – aber auch der menschlichen und tierischen Exkremente. Negativ besetzt ist die Farbe in erster Linie durch die jüngste deutsche Vergangenheit: Die Nazis trugen braune Hemden bzw. Uniformen.

Violett

Violett ist eine Farbe der Verinnerlichung und Einkehr, auch der Beseelung. Deshalb wurde kaum eine andere Farbe so viel besungen und beschrieben – vom Veilchen bis zum Amethyst – wie Violett. Hier stoßen sehr entgegengesetzte Gefühlswerte, nämlich Rot und Blau, zusammen. Diese Farben sind die Elemente der Ruhe und der Aktivität, der Ideale und der Affekte, des Irdischen und des Himmlischen.

Die Psychologin Dr. Ingrid Riedel weist darauf hin, daß violette Blumen an den jahreszeitlichen Übergängen blühen: ganz früh, wie Veilchen oder Flieder – oder ganz spät, wie die Herbstzeitlose.

Violett ist in besonderer Weise der Mode unterworfen:

Violett: Verinnerlichung, Einkehr, Vereinigung von Gegensätzen

Manche Zeiten empfinden Violett und »Lila« (also fliederfarben) als unangenehm und lehnen diese Farbe ab. Andere empfinden sie als besonders »schick« und erstrebenswert. So gab es in den zwanziger Jahren einen bekannten Schlager: »Lila ist Mode, Lila ist modern!«

In manchen Ländern ist Violett aber auch die traditionelle Trauerfarbe, z. B. in Teilen der Türkei und Chinas. Zu letzterem gibt es eine recht interessante Anekdote, die der schwedische Therapeut Karl Ryberg wiedergibt: Die chinesische Trauerfarbe hatte auf den amerikanischen Außenhandel eine ganz unerwartete Wirkung. Als nämlich eine Kaugummifirma in den USA von grünem Einwickelpapier zu rotviolettem Papier überging, sank der Export nach China in einer alarmierenden Weise. Erst nach einiger Zeit stellte sich heraus, daß die Chinesen glaubten, dieser rotviolett verpackte Kaugummi sollte nur bei Beisetzungen gekaut werden ...

Goethe hat diese Farbe übrigens an den Weltuntergang erinnert.

Liturgisch ist das Violett die Farbe des Advents und der Fastenzeit, also des schweigenden In-sich-Gehens und der Vorbereitung auf kommende Dinge. Beim Zweiten Vatikanischen Konzil müssen erfahrene Farbsymboliker mitgewirkt haben, denn seitdem wurde bei Beerdigungen und Trauergottesdiensten das finstere Schwarz durch Violett bei Stola und Meßgewand ersetzt – eine Farbe, die zum Überdenken von Tod und Vergänglichkeit, rotfarbiger Lebenslust und blauentrücktem Jenseits anregt. Es ist die Farbe des Übergangs, auch des Zwischenreiches. Wenn Bischöfe Violett tragen, soll damit angedeutet werden, daß sie zur Betreuung des Ewigen im Menschen während seiner gefährdeten Erdenlaufbahn bestellt sind.

Auch in anthroposophischen Kreisen ist das Violett eine bevorzugte Farbe, weil sie den Zusammenhang mit den kosmischen Mächten dokumentiert.

Violett stand in vielen Kulturen – so bei den Azteken und Inkas Südamerikas – für das Königliche und die Souveränität dieses Prinzips. Im Westen galt es als Farbe des Jupiter, also des Götterkönigs, und war – von Menschen getragen – ein Zeichen religiöser Ergebenheit.

Durch die Vereinigung der Gegensätze wird das Violett zum Symbol des Androgynen, des »Weibmännlichen«, und bietet sich heute darum als Farbe der feministischen Bewegung besonders an.

Purpur

Die Herkunft des Purpur ist schmutzig und übelriechend. Man gewann es einst in einem widerlichen Vorgang aus dem Blut der Purpurschnecke. Auch die Färber, die mit diesem undelikaten Geschäft ihr Geld verdienten und wegen des übelriechenden Dunstes, in dem sie ihren Alltag verbrachten, selber stanken, wurden verachtet, allerdings um so besser bezahlt. Denn die Purpurfarbe war den Göttern und den Majestäten vorbehalten.

Heute gibt es nur noch wenige königliche Würdeträger, und diese tragen auch nur bei Krönungs- und Jubiläumsfeierlichkeiten ihre Machtinsignien

Purpur: Macht, hohe gesellschaftliche Stellung

— so den Purpurmantel. Purpur verlangt Respekt und Huldigung, es ist eine Farbe, die die Öffentlichkeit braucht, es ist eine Farbe, vor der man »in die Knie sinkt«.

Auch Kardinäle, die ja kirchliche Würdenträger sind, tragen den Purpurmantel. Auch sie stehen in der Öffentlichkeit, und vor allem vor ihnen beugt – zumindest die katholische – Christenheit die Knie. Dabei ist der Ursprung der Farbe ihres Purpurmantels die Erinnerung an das Martyrium Christi. Denn Christus wurde während der Passion mit einem alten, ausgebleichten Purpurmantel bekleidet.

Heute wird Purpur synthetisch hergestellt, überdies in

besserer Qualität, denn die Anilinfarben bleichen nicht
so leicht aus wie das einstige Schneckensekret.

Rosa

Rosa ist eine zarte, weiche Farbe, die man unwillkür-
lich mit Schwäche und Hilflosigkeit assoziiert, mit
Weltfremdheit und der Realitätsflucht all jener, die alles durch eine »rosa Brille« sehen.
Hier ist wohl der tiefere Grund dafür zu sehen, daß
kleine Mädchen oft in Rosa gekleidet wurden – und oft
noch werden –, als Vorbereitung auf ihre spätere traditionelle Rolle im Leben. Das Rosa steht seit altersher
für Zurückhaltung und Zartheit. Vitalen Naturen erscheint es daher oft als süßlich und kitschig, aber es
kommt sehr darauf an, in welchem Zusammenhang es
auftaucht. Rosa wird sowohl bei jungen **Rosa: Zartheit, Zurück-**
Mädchen als auch besonders bei jungen **haltung**
Männern, die sich als selbständig und stark verstehen
wollen, mit Vehemenz abgelehnt. Anders ist es, wenn
Pink zur Mode- und Popfarbe wird (beispielsweise bei
Sport- und Freizeitkleidung) oder wenn der Zusammenhang, wie etwa Altrosa in Biedermeierzimmern
oder als kosmetisches und hygienisches Hellrosa in Ba-
dezimmern, auf die Umgebung abgestimmt ist.

Orange

Diese Farbe hat ihren Namen von den Apfelsinen, die
besonders dann, wenn sie – von grünen Blättern umge-
ben – noch am Baum hängen, die gesunde, lachende

Lebenslust darstellen. Im Orange wird – auch wenn es nur ein wenig Rot enthält – das Gelb von seiner schwefelfarbenen Blässe erlöst und steht nun in vielem für das Gegenteil der Grundfarbe.

»Das Rotgelb«, schreibt Goethe, »gibt dem Auge das Gefühl von Wärme und Wonne, indem es die Farbe der höheren Glut sowie den milderen Abglanz der untergehenden Sonne repräsentiert.«

Orange: Sonne, Erleuchtung, Lebenslust

Sicherlich ist Orange auch eine Signalfarbe, in der das ohnehin schon stark wirkende Gelb noch gesteigert wird. So tragen Straßenarbeiter und Müllwerker orangefarbene Jacken und Westen, denn Orange überstrahlt alle anderen Farben mühelos.

Im Straßenbild begegneten wir bis vor einiger Zeit häufig den Bhagwan-Jüngern, die in auffallende orangefarbene Gewänder gekleidet waren (dies ist heute – Jahre nach Bhagwans Tod – kaum noch der Fall). Bhagwan selbst begründete die Farbwahl damit, daß ein »bißchen Narrheit« in die Welt kommen solle. Weisheit und Narrheit liegen oft sehr dicht zusammen. In diesem Zusammenhang ist es interessant, daß auch Sophia, die abendländische Göttin der Weisheit, in lichtem Orangerot dargestellt wurde.

Kleine Psychologie der Farben

Wie die immer häufiger durchgeführten Farbtests zeigen, läßt sich durch die Vorlieben eines Menschen für bestimmte Farben sehr viel über seine Charaktereigenschaften aussagen. Natürlich ist es dem Laien nicht möglich, dadurch allein schon ein differenziertes Persönlichkeitsprofil zu erstellen. Aber wenn wir die Vorlieben anderer Menschen für eine oder mehrere Farben beobachten, erfahren wir mehr über ihn und können besser miteinander leben und arbeiten. Eine bewußte Wahrnehmung der eigenen Farbenvorlieben kann außerdem ein Schritt zur Selbsterkenntnis sein.
Im Folgenden eine kleine Übersicht zur Farbenpsychologie (nach Muths).

Rot

Rot ist neben Blau die Lieblingsfarbe der meisten Menschen. Oft sind es Personen, die sehr lebendig und impulsiv sind und kraftvoll und energisch ihren Weg gehen. Sie wollen soviel wie möglich vom Leben haben, und oft nehmen sie es sich selbst. Es ist also durchaus eine Tendenz zur Aggressivität vorhanden, die sich in Schroffheit und Rücksichtslosigkeit äußern kann. Ihre eigenen Schattenseiten sind ihnen dabei kaum bewußt.

In der Regel tragen jedoch solche Menschen viel Rot, die mit dem Leben, mit sich selbst und ihren Mitmenschen eher offen umgehen. Dadurch ist das Zusammenleben und -arbeiten mit ihnen meist recht unkompliziert.

Mitunter bevorzugt auch ein ruhiger Mensch die Farbe Rot für seine Kleidung. Dann braucht er die wärmende und kräftigende Qualität dieser Farbe, versteckt aber auch möglicherweise seine wahren Gefühle hinter seinem äußeren Erscheinungsbild.

Orange

Auch Menschen, die viel Orange tragen, sind – wie die Rot-Typen – eher extrovertiert. Sie haben viel Freude an Geselligkeit, möchten dabei aber möglichst im Vordergrund stehen und schmollen, wenn man sie nicht beachtet. Möglicherweise sind sie auch oberflächlich und schwankend.

Andererseits sind Menschen, die Orange bevorzugen, gutmütig und beliebt. Sie können sehr kameradschaftlich sein und versuchen auch, sich anzupassen. Oft zeichnen sie sich durch Stärke und Angstlosigkeit aus.

Rosa

Wer Rosa als Lieblingsfarbe wählt, signalisiert damit sein Schutzbedürfnis. Solche Menschen wünschen sich eine besonders rücksichtsvolle Behandlung durch ihre Umwelt. Sie brauchen viel Zuneigung und Liebe – möglichst ohne Leidenschaft, damit sie sich im Leben sicher fühlen können.

Bei einem Übermaß an Rosa kann dies aber auch darauf hinweisen, daß der betreffende Mensch wenig Sinn für die Realitäten des Lebens hat und alles durch eine »rosa Brille« sehen möchte.

Blau

Menschen, die sehr viel Blau tragen, sind oft sehr pflichtbewußt. Sie handeln mit Überlegung und neigen zur Selbstbeobachtung. Sie können überdies sehr konservativ sein. Wegen ihres ausgeglichenen Charakters und ihrer Klugheit werden sie von anderen bewundert. Dabei integrieren sie sich gerne in eine Gruppe, in der sie sich gut anzupassen verstehen.

In ihren persönlichen Beziehungen sind sie treu und liebevoll. Während sie Fremden gegenüber eher vorsichtig und zurückhaltend, mitunter sogar mißtrauisch sind, sind sie ihren Freunden gegenüber sehr sozial eingestellt. Störend wirkt mitunter allerdings ihre Unnachgiebigkeit und Unbeweglichkeit.

Türkis

Menschen, deren bevorzugte Farbe Türkis ist, sind oft phantasiebegabt, originell, aber wegen ihres komplexen Charakters nicht immer leicht zu behandeln. Unter ihrer äußeren Gelassenheit findet sich mitunter eine innere Unruhe, eventuell sogar ein innerer Aufruhr. Da Türkis schützend wirkt und das Selbstbewußtsein unterstützt, neigen gerade schüchterne Menschen oft zu dieser Farbe.

Grün

Sanfte, aufrichtige Menschen lieben diese Farbe der Harmonie. Sie haben eine hohe Moral, ohne dabei prüde zu sein. Sie sind offen dem Leben und den Menschen gegenüber und leben gerne in einer Gemeinschaft. Es gibt viele gute Lehrer und Erzieher unter ihnen.

Aber sie mögen auch die Abgeschiedenheit und die Stille des Landlebens. Sie sind bescheiden und geduldig und werden deshalb nicht selten von anderen ausgenützt. Es behagt ihnen nicht, zu oft im Mittelpunkt zu stehen.

Trägt jemand fast ausschließlich Grün, leidet er möglicherweise unter unbewußten Ängsten. Er wählt dann vielleicht das Grün als natürliche Farbe der Balance, die seine Unsicherheit der Umwelt gegenüber verbergen soll – also gewissermaßen als eine Art Tarnfarbe.

Gelb

Menschen, die stark zu Gelb neigen, lieben das geistige Abenteuer, sie suchen Neues und Selbsterfüllung. So fühlen sie sich oft zu Philosophie, Religion und Esoterik hingezogen.

Gelb ist auch die Farbe von Menschen mit einer heiteren und gescheiten Persönlichkeit. Sie haben auf jeden Fall Sinn für Humor und nicht selten einen ausgeprägten Geschäftssinn. Mitunter findet sich bei ihnen die Neigung, Verantwortung abzulehnen. Sie wollen in ihrem Denken und Handeln frei bleiben. Zwar werden auch sie gerne bewundert, aber sie suchen diese Bewunderung nicht so direkt wie Menschen, die Rot oder Orange bevorzugen.

Allerdings haben solche Menschen auch eine sehr starke Tendenz zur Ungeduld. Langes Warten macht sie nervös. Außerdem können sie recht eigensinnig sein, was dazu führt, daß sie schon einmal gegen ihre eigenen Überzeugungen handeln.

Violett

Menschen, die deutlich Violett bevorzugen, sind oft sehr sensibel. Sie fühlen sich anders als die Masse und wollen sich von dieser unterscheiden. Ihrer Besonderheit wollen sie auch nach außen hin Ausdruck geben und dafür akzeptiert und bewundert werden. Dazu eignet sich die Farbe Violett besonders gut, weil sie auffallend ist und viel Widerspruch erzeugt.

Purpur

Auch Purpur ist eine ausgesprochen auffallende Farbe. Menschen, die eine sehr starke Tendenz zur Purpurfarbe haben, neigen leicht zur Überheblichkeit. Sie sind extrem individualistisch und exzentrisch und haben eine Neigung zu Snobismus und Elitedenken.

Nicht selten halten sie sich für »etwas Besseres« und halten es deshalb auch für selbstverständlich, in der Gesellschaft oder im Arbeitsleben einen besseren Platz einzunehmen.

Aber sie sind witzig und unkonventionell und zeichnen sich durch Sensibilität und Toleranz aus.

Braun

Wer Braun bevorzugt, ist in der Regel ein starker, solider Mensch. Er zeichnet sich aus durch Geduld, Durchhaltevermögen, Gewissenhaftigkeit, Pflichtbewußtsein und Zuverlässigkeit. Menschen dieser Art sind außerdem konservativ und vorsichtig.

Sie lieben die Verantwortung und übernehmen auch Arbeiten, die andere nicht tun wollen. Sie mögen zwar etwas langsam in ihrer Auffassungsgabe sein, erreichen aber am Ende doch immer, was sie wollen. Das Problem dieser Menschen ist ihre geringe Beweglichkeit und ihre Unfähigkeit, sich schnell anzupassen.

Grau

Menschen, die viel Grau tragen, suchen zwar nach äußerer Gelassenheit, kümmern sich aber häufig nicht um die inneren Quellen, aus denen eine solche Lebenshaltung entsteht. Sie lehnen Aufregungen und Anregungen ab und neigen nicht selten zur Be- und

Verurteilung ihrer Mitmenschen. Ihre eigene Persönlichkeit unterdrücken sie lieber noch mehr, als sich
dem Leben und seinen emotionalen Anforderungen zu
stellen. Oft wird Grau von älteren Leuten getragen, die
ein ruhiges Leben führen wollen – ohne innere und
äußere Beunruhigungen.
Diese Menschen arbeiten häufig sehr hart, ohne dabei
eine Belohnung oder Anerkennung zu erwarten. Sie
sind oft sehr gute Geschäftsleute und haben eine Tendenz, sich zu überarbeiten.

Schwarz

Menschen, die bevorzugt diese Farbe des Geheimnisvollen und Unerklärlichen tragen, wollen den Eindruck einer kultivierten und interessanten Persönlichkeit erwecken. Sie wollen andere beeindrucken – aber
nicht so offensichtlich wie diejenigen, die Purpur tragen.
Wer fast ausschließlich Schwarz trägt, unterdrückt
möglicherweise innere Wünsche und weltliche Bedürfnisse. Aber es kann auch bedeuten, daß es in ihm ver-
borgene seelische Tiefen gibt, die nicht unbedingt positiv sein müssen.

Weiß

Wenn ein Mensch ständig Weiß trägt, kann das besonders bei älteren Leuten auf eine unreife Persönlichkeit
hindeuten. Aber eine starke Tendenz zum Weiß finden

wir auch bei Menschen, die zum Perfektionismus neigen und Vorstellungen vom Leben haben, die nicht realisierbar sind.

Wer Weiß aber mit anderen Farben mischt, weist auf eine ausgeglichene und lebendige Persönlichkeit hin, die im Umgang angenehm und unkompliziert ist.

Auch die Ablehnung bestimmter Farben kann uns über die Psychologie eines Menschen Aufschluß geben. Meistens wird eine Farbe dann besonders strikt abgelehnt, wenn sie etwas repräsentiert, woran es dem betreffenden Menschen fehlt.

- Eine starke Abneigung gegen *Rot* läßt mangelnde Lebensfreude, wenig Lebenskraft und eine Ablehnung der Sexualität vermuten.
- Die Ablehnung von *Gelb* läßt ebenfalls einen Mangel an Lebensfreude vermuten. Es kann aber auch bedeuten, daß der betreffende Mensch entweder einen geringeren Intellekt hat oder diesen überhaupt ablehnt.
- Die Ablehnung von *Blau* läßt auf innere Unruhe schließen. Außerdem kann man auf eine Unfähigkeit zu tieferer Kommunikation schließen.
- Die Ablehnung von *Grün* weist auf ein fehlendes Naturverständnis hin und hat oft einen Mangel an Harmonie zur Ursache.
- Die Ablehnung von *Indigo* und *Violett* läßt den Rückschluß auf mangelndes Interesse an spirituellen Inhalten zu.

Farbtests im Vergleich

Immer mehr Psychologen, Ärzte, aber auch Personal-
chefs und Lehrer arbeiten mit Farbtests, um sich ein
Bild über die Persönlichkeitsstruktur eines Menschen
zu machen. Manche dieser Tests sind inzwischen sehr
bekannt geworden – vor allem der Lüscher-Test, den
viele aus den Büchern und Fernsehsendungen von
Prof. Max Lüscher kennen. Andere sind weitgehend
unbekannt und zum Teil auch recht kompliziert aufgebaut. Für eine korrekte Durchführung und Auswertung
eines solchen Tests ist immer eine qualifizierte Fach-
kraft notwendig. Aber für denjenigen, um den es in
dem Test geht – den Patienten, Bewerber oder Schüler –,
ist es wichtig oder zumindest interessant zu wissen,
was in einem solchen Test geschieht.

Der Lüscher-Farbtest

Der Lüscher-Farbtest ist wohl das bekannteste und
wohl auch am weitesten verbreitete Testverfahren dieser Art. Deshalb soll etwas näher auf Lüschers Ansatz
eingegangen werden.
Nach der Auffassung von Prof. Lüscher verfügt der
Mensch über vier Möglichkeiten des Verhaltens gegenüber seiner Umwelt. »Stellen Sie sich vor«, sagt Lüscher

zur Erklärung seines philosophischen Ausgangspunkts, »Sie landen mit dem Fallschirm mitten im Busch unter Eingeborenen. Sie haben vier Möglichkeiten:

- Sie greifen an; das ist autonom-aktives Verhalten.
- Sie verteidigen sich; das wäre autonom-passives Verhalten.
- Sie ergreifen die Flucht; das ist ein heteronom-aktives Verhalten.
- Sie unterwerfen sich; das wäre heteronom-passives Verhalten.«

Diesen vier Grundformen ordnet Lüscher nun seine vier Grundfarben Grün, Rot, Blau und Gelb zu. Blau und Gelb sind für ihn »heteronome« Farben, weil man mit ihrer Betrachtung den Eindruck hat, daß sie sich verändern. Das Blau scheint immer dunkler, das Gelb immer heller zu werden. Weil das Gelb jedoch lebhafter wirkt als das Blau, bezeichnet er es als »heteronom-aktiv«, das Blau als »heteronom-passiv«. Betrachtet man hingegen Rot und Grün, so hat man den Eindruck, daß sich diese Farben nicht verändern. Sie ruhen in sich, sind »autonom«, und zwar erscheint das Rot als »autonom-aktiv«, das Grün als »autonom-passiv«.

So wird der Test durchgeführt:
Im sogenannten »Schnell-Test« bekommt die Versuchsperson lediglich eine Tafel mit den acht Farben vorgelegt und soll sagen, welche der Farben ihr am besten, zweit-, drittbesten usw. gefällt und welche ihr am wenigsten, zweit- und drittwenigsten gefällt. Dabei soll die Versuchsperson spontan ihre Wahl treffen. Insbesondere darf der Befragte die Farbe nicht nach irgendwelchen Zwecken bestimmen, also etwa sagen: »Grün steht mir nicht zu Gesicht; für ein Auto würde ich nur Blau wählen, aber für mein Arbeitszimmer Grau; für

Krawatten bevorzuge ich diese, für Anzüge jene Farbe.«
Von dieser Einstellung soll sich die Versuchsperson los-
lösen – was jedoch nicht immer gelingt.

Der Versuchsleiter schreibt nun die gewählten Farben
in der Reihenfolge, in der sie genannt werden, auf. Dadurch ergeben sich vier Gruppen von Farben:
1) die sympathischen,
2) die angenehmen,
3) die gleichgültigen,
4) die unsympathischen.

Die »Schnell-Test«-Tafel enthält acht kleine Quadrate,
die in Zweier-Gruppen aufgeteilt sind, und zwar in fol-
gender Reihenfolge:
5 Violett / 1 Blau
0 Grau / 3 Rot
4 Gelb / 7 Schwarz
6 Braun / 2 Grün
Prof. Lüscher legt großen Wert darauf, daß der Farb-
wahlakt an der von ihm bestimmten Farbtonskala vorgenommen wird.

Der Test wird dann mit den folgenden Farben wiederholt:
reines Gelb
helles Rot
Blaugrün
Dunkelblau (Indigo)
helles Violett
mittleres Braun
Schwarz
mittleres Grau

Ziel des Tests:

Mit ihrer Farbwahl läßt die Testperson erkennen, wie sie auf bestehende Situationen reagiert – und zwar sowohl die anerzogenen und eingeübten wie auch die unbewußten, emotionalen Reaktionen. Mit seinem Test will Lüscher auf die unbewußten Motive hinweisen, die einen Menschen bewegen und ihm damit ermöglichen, sich mit diesen auseinanderzusetzen.

Aufgrund der Symboldeutung der Farben ist mit der individuellen Rangfolge der acht Karten die Erstellung eines aussagekräftigen Persönlichkeitsprofils möglich. Dabei gelten die beiden ersten Farben als Aussage über die positive Identifikation und die beiden letzten als das, was die Testperson am meisten ablehnt. Interessant ist, daß die Wiederholung des Tests in der Regel die zuverlässigeren Auskünfte gibt.

Bei einem »Schnell-Test« würde die Auswertung wie folgt aussehen: Nehmen wir an, Sie hätten nacheinander die Farben

3-1-5-4-0-6-2-7

gewählt, dann hätte dies nach der Bewertungstabelle von Lüscher die folgende Bedeutung:

»Sie streben nach erlebnisstarker, harmonischer Lebensgestaltung und inniger Verbundenheit und ersehnen sich eine verständnisvolle und sensible Vertrautheit. Im Bedürfnis nach lösender Befriedigung sind Sie jedoch durch Konflikte gestört, leiden daher unter der demütigenden Spannung unbefriedigter Bedürfnisse und Ansprüche. Sie wollen unbehindert verfügen können, ertragen keine Art von Widerstand und wehren sich gegen benachteiligende Behinderungen. In Ihrem Eroberungs- und Behauptungsdrang kann es zu impulsiven Entladungen kommen.«

Die folgende Tabelle zeigt in Umrissen die charakterologischen Deutungsmöglichkeiten des Lüscher-Farbtests. Sie beschränkt sich auf die Kombination der vier Grundfarben Rot, Blau, Grün und Gelb. An erster Stelle steht jeweils die sympathischste, dann die zweitsympathischste Farbe. Es ergeben sich folgende Gruppierungen:

Rot/Grün
Starke vitale Antriebe geben dem Charakter ein impulsives und leidenschaftliches Gepräge. Der Mensch entfaltet viel Initiative und sucht sich überall durchzusetzen und zu behaupten. Dazu steht ihm viel Ausdauer und ein größeres Beharrungsvermögen zur Verfügung.

Rot/Blau
Erfüllt von vitalkräftigen Antrieben und reichen Gemütskräften, strebt die betreffende Person nach erlebnisstarker, harmonischer Lebensgestaltung. Sie steht den Aufgaben des Lebens mit Energie und Tatkraft gegenüber und bewältigt auch schwierige Aufgaben.

Rot/Gelb
Menschen dieser Art stehen sozusagen mit beiden Beinen im Leben. Sie sind für alles Neue und Moderne sehr zugänglich, streben nach einer Expansion ihres Wirkungsfeldes und einer von Hemmung und Selbstzweifeln befreienden Entfaltung ihres Erlebnisbereiches.

Blau/Rot
Draufgängerisches Zupacken liegt diesen Naturen nicht. Sie sind zwar aufgeschlossen, jedoch zu weich und gefühlsbestimmt, um sich energisch durchsetzen zu können. Sie sehnen sich nach liebevoller, zärtlicher,

intimer Verbundenheit und harmonischer Lebensgestaltung.

Blau/Grün
Diese Menschen treten im Alltagsleben nicht allzu sehr
hervor, sehnen sich nach der Erfüllung ihrer Idealvor-
stellungen und sind durch ihre Idealerwartungen im
realen Urteil gegenüber sich selbst und anderen befan-
gen. Sie beanspruchen aus uneingestandenen Selbstzweifeln eine aufmerksame Anerkennung und Würdi-
gung ihrer Person und sind empfindlich und leicht
verletzbar.

Blau/Gelb
Einerseits besinnlich, andererseits erlebnisbedürftig,
stehen diese Menschen manchmal im Kampf mit sich
selbst. Sie sehnen sich nach einer erfüllenden Zufriedenheit und hoffen, sie in einer liebevollen Gemeinschaftsbindung zu finden. Sie sind hilfsbereit und
benötigen auch selbst ein verständnisvolles Entgegen-
kommen.

Grün/Rot
Menschen dieser Art zeichnen sich durch ihre Beharrlichkeit und Ausdauer aus. Sie haben feste Grundsätze,
die sie zäh und energisch verteidigen. Sie wollen nicht
vom Wohlwollen anderer abhängig sein, sondern ihre
Welt nach eigener Ansicht und mit eigenem Geschmack gestalten.

Grün/Blau
Diese Menschen nehmen das Leben nicht auf die
leichte Schulter, sondern sind ernst, verantwortungsbe-
wußt und zuverlässig, fühlen sich aber von ihrer Um-

gebung nicht immer richtig verstanden. Daher trachten sie nach Bestätigung und Anerkennung.

Grün/Gelb
Hier handelt es sich um außerordentlich feinfühlige und empfindsame Menschen, die sich aus dem Gefühl eigener Überlegenheit von ihrer Umgebung distanzieren, jedoch erwarten, daß sie von dieser anerkannt und bestätigt werden. Da ihre Energie nicht groß ist, werden sie nicht besonders aktiv, wissen sich aber geschickt zu behaupten.

Gelb/Rot
An Umtriebigkeit fehlt es diesen Menschen nicht. Sie haben mehr Ideen im Kopf als sie verwirklichen können, sind daher oft etwas unzufrieden und stehen in Gefahr, sich zu verzetteln, weil es ihnen an einem unverrückbaren, dauerhaften Ziel fehlt.

Gelb/Grün
Die Unternehmungslust dieser Menschen wird durch eine gewisse Beharrungstendenz beeinträchtigt. Sie fühlen sich deshalb nicht immer ganz wohl, glauben, daß sie von ihrer Umgebung unterschätzt werden und trachten nach Bestätigung ihrer Person.

Gelb/Blau
Die Haltung dieser Menschen ist stark gefühlsbetont. Sympathie- und Antipathiegefühle wechseln rasch. Sie sind rasch verstimmbar und hoffen, in einer liebevollen Gemeinschaftsbindung eine befreiende Erleichterung und Zufriedenheit zu finden.

Diese Kombinationen führen freilich nur zu einer ersten Orientierung über die Charakterstruktur. Durch die Mitberücksichtigung der Einstellung zu den vier anderen Farben würde das Bild wesentlich plastischer. Bei der Verwendung des Haupt-Tests hat die Testperson sogar die Wahl zwischen 73 Farbtönen, so daß der Test zweifellos sehr differenziert ist. Trotz der zahlreichen Wahlakte läßt der Test sich jedoch rasch durchführen – was wesentlich zu seiner Beliebtheit und Verbreitung beigetragen hat, zumal auch die Auswertung keinerlei Schwierigkeiten bereitet.

Der Pfister-Farbpyramidentest

So wird er durchgeführt:
Die Pyramide, die vorgezeichnet ist, wird von der Testperson mit 24 verschiedenfarbigen Plättchen ausgefüllt. Der Test wird zwei- bis dreimal wiederholt.

Ziel des Tests:
Aus der Zusammensetzung und Farbstruktur – wobei jeweils dem obersten Quadrat die größte Aufmerksamkeit zukommt – werden anhand einer mathematischen Formel Aufschlüsse über den Charakter einer Testperson, vor allem aber über das Vorhandensein mentaler Störungen gezogen. Obwohl der Test auch bei Einstellungsgesprächen verwendet wird, wird er jedoch vorwiegend in psychiatrischen Krankenhäusern durchgeführt, zumal er auch recht kompliziert aufgebaut ist.

Der Frieling-Test

So wird er durchgeführt:

- 23 ausgesuchte Farben werden in einer ganz bestimmten Reihenfolge, dem »Farbspiel«, der Testperson vorgelegt.
- Die Testperson muß nun angeben, wie ihr die Farben gefallen.
- Dann belegt sie vier Felder mit Farben, die ihr harmonisch erscheinen.

Dies sind die Farben:

Gelb	Ultramarinblau	Ocker
Gelbgrün	Violett	Braun
Maigrün	Purpur	Dunkelbraun
Lichtgrün	Lila	Grau
Olivgrün	Rosa	Schwarz
Grünblau	Rot	Weiß
Blau	Rotorange	
Himmelblau	Orange	

Ziel des Tests:

Aufgrund der Farbvielfalt ist dem Fachmann auch eine differenzierte Auswertung des Tests möglich. So erhält er ein überaus genaues Bild vom Charakter und der Persönlichkeitsstruktur der Testperson.

Farben in der Arbeitswelt

D ie meisten Menschen verbringen einen großen Teil ihres Lebens im Büro, in Fabrikhallen oder Geschäftsräumen. Hier ist natürlich eine geeignete Farbgebung besonders wichtig. Die Stimmung der Mitarbeiter kann durch die richtigen Farben günstig beeinflußt werden, was sich positiv auf Arbeitsmotivation und -leistung und natürlich auf das Betriebsklima auswirkt. Auch die Arbeitssicherheit hängt zu einem Teil von den Farben ab, in denen beispielsweise eine Fabrikhalle und die darin befindlichen Maschinen gestrichen sind. Viele Betriebsinhaber arbeiten deshalb eng mit Farbtherapeuten zusammen, die sich auf die Farbgebung von Arbeitsplätzen spezialisiert haben. In Amerika, wo bereits in den zwanziger Jahren Henry Ford in seinen Automontagehallen erfolgreich mit Farben experimentierte, hat sich das sogenannte »Color Engineering« inzwischen zu einer eigenen Fachrichtung entwickelt.

Farben beeinflussen in Arbeitsräumen auch das Betriebsklima

Hier einige Beispiele, wie sich durch Farben das Betriebsklima – zum Teil sogar im wörtlichen Sinne – verändern läßt.

- Um einen Raum abzukühlen – etwa in Werkhallen oder überhitzten Büros –, werden am besten kühle Farben verwendet, etwa Türkis, Blau, Blaugrün.
- In kalten Räumen, z. B. in solchen, die auch im Win-

ter nicht beheizt werden können, wie Schuppen, Garagen, Fabrikhallen, läßt sich durch warme Farben das Gefühl der Raumtemperatur bis zu vier Grad erhöhen. Warme Farben enthalten vorwiegend Gelb, Orange oder ein rötliches Violett.

- Bei starker Staubentwicklung sind alle Pastelltöne, aber auch Silber- und Cremefarben angebracht. In einer solchen Umgebung wird Staub nicht als so stark belastend empfunden.

- In Arztpraxen, aber auch in Betrieben, die mit der Verarbeitung oder dem Verkauf von Lebensmitteln zu tun haben, werden ebenfalls helle bis weiße Töne verwendet.

- In Operationssälen setzt sich allerdings zunehmend die Farbe Grün durch. Sie löst das klinische Weiß ab, das zwar den vertrauenerweckenden Eindruck von Sauberkeit vermittelt, jedoch im hellen Licht der Operationslampen zu starke Kontraste bildet. Grün dagegen wirkt nicht nur beruhigend auf den Patienten, sondern kommt auch dem Bedürfnis der Chirurgen und Operationsschwestern entgegen, die auf das stark reflektierende Weiß mit Schwindel, Kopfschmerzen und Augenflimmern reagierten.

- Eine eher unpersönliche Umgebung, wie man sie in vielen Industriebetrieben vorfindet, erfordert intensivere Farben, dazu viel helles Gelb. Das gleiche gilt auch für Räume ohne Sonnenlicht.

Auch in der Gastronomie ist die Farbwahl für das Lokal nicht bedeutungslos. Diese Erfahrung machte ein New Yorker Restaurantbesitzer, der die Wände seines Lokales in Blau- und Grüntönen gehalten hatte. Seine Gäste saßen ewig bei Tisch, und seine Gewinne waren dürftig. Ihm wurde geraten, die Wände rot zu streichen. Und siehe da: Auf einmal aßen die Kunden mit

Windeseile, und der schnellere Umlauf der Bedienung besserte das Geschäft beträchtlich!

Besonders wichtige Erkenntnisse hat die Farbforschung für die Erhöhung der Arbeitssicherheit anzubieten:

- Mit der Farbe *Rot* ist vor allem der Feuerschutz verbunden, also Feuerlöscher, Feuermelder, Feuerwehrautos usw.

- *Gelb* und *Orange* eignen sich besonders gut als Signal- und Warnfarben. So werden Transportvorrichtungen in Kopfhöhe, vorspringende Maschinenteile, Hindernisse, Stufen usw. mit diesen Farben gekennzeichnet.

- *Grün* bedeutet Sicherheit und offenen Zugang.

Wohnfarben

Moderne Wahrnehmungspsychologen haben festgestellt, daß rund 80 % aller Sinneseindrücke durch die Augen aufgenommen werden. Da jeder optische Eindruck aus Farben und Formen besteht (auch Weiß, Grau und Schwarz sind strenggenommen Farben – die Farbtheoretiker nennen sie »unbunte« Farben), können wir davon ausgehen, daß rund ein Drittel dessen, was unsere Sinne überhaupt von der Welt wahrnehmen, reine Farbinformation ist.

Doch die Farbe ist mehr als bloßer Oberflächenreiz und leicht verständliche Information – sie geht sozusagen durch die Augen in den Sinn. Farbreize wirken auch auf die Seele und das Unterbewußtsein und rufen so die verschiedenartigsten Stimmungen und Reaktionen hervor. Nicht umsonst spricht man ja von warmen und kalten, aufreizenden und beruhigenden, positiven und negativen, aktiven und passiven Farben. Deshalb ist auch die Farbgebung unserer Umgebung – soweit wir sie selbst beeinflussen können – von großer Wichtigkeit für unser Wohlbefinden.

Im alten China war das Farbempfinden so weit entwickelt, daß man Menschen folterte, indem man sie in disharmonisch gestrichenen Räumen einschloß!

Es ist in diesem Zusammenhang interessant, daß das Farbempfinden regional durchaus verschieden sein kann – was sicherlich viele Rückschlüsse auf die jeweiligen Bedürfnisse der in den unterschiedlichen Gegenden lebenden Menschen zuläßt. Denken wir nur an die angeblich so »steifen« und »seriösen« Engländer mit ihrer Vorliebe für knallbunt gestrichene Häuser!

Auch der Wandel der Zeiten und der Mode beeinflußt den Farbgeschmack. Kulturhistoriker wissen, daß sich bestimmte Epochen durch die von den Menschen dieser Zeit bevorzugten Farben charakterisieren lassen. Die heitere, verspielte Welt des Rokoko beispielsweise zeigte eine ausgesprochene Vorliebe für zarte Pastelltöne sowohl in der Mode als auch in der Innendekoration der Räume. Ganz anders das eher praktisch und vernünftig eingestellte ausgehende 19. Jahrhundert: Die Städte wurden mit einem Male zu tristen, grauen Steinhaufen; Schulen, Behörden und Fabriken zeigten eine unerfreuliche, graue Atmosphäre. Die Maschinen gar strich man schwarz – gleichermaßen ungünstig für Arbeitssicherheit und Laune der Beschäftigten, wie die heutige Farbpsychologie weiß.

Seltsamerweise hielt sich diese Vorliebe für das »unbunte« Grau gerade in Deutschland über viele Jahrzehnte. Erst in letzter Zeit haben auch wir wieder Freude an der Farbe gefunden.

Interessanterweise waren es nicht zuletzt die Tendenzen und Modefarben der Malerei, die diesem Stimmungswandel vorangingen – in diesem Fall die Popart der sechziger Jahre mit ihrem Hang zu knallbunten »Bonbonfarben«. Dieser Farbenrausch hat sich mittlerweile wieder gelegt, aber dennoch hat er seine Spuren hinterlassen. Unser Alltag ist im wahrsten Sinne des Wortes bunter geworden – für manche konservativen Gemüter vielleicht mitunter zu bunt.

Denn Farbe ist immer eine höchst subjektive Sache.

Ob eine Farbe für ihn »richtig« oder »falsch« ist, kann jeder nur für sich beurteilen. Ein Farbton, der für den einen »das höchste der Gefühle« darstellt, kann für den anderen schlicht unerträglich sein. Auch daran sollte man bei der Planung einer neuen oder renovierten Wohnung denken. Meistens leben ja in dieser Wohnung mehrere Personen Tag für Tag zusammen, und die Geschmäcker und Bedürfnisse sind bekanntlich verschieden – auch und gerade, was die Farbe angeht. Schon deshalb sollte man mit ihr behutsam umgehen.

Egal, welche Grundfarbe Sie wählen – Sie werden es am Ende stets mit einer Zusammenstellung verschiedener Farben zu tun haben. Sehen Sie deshalb keine Farbe für sich allein, sondern versuchen Sie stets, sich vorzustellen, wie sie zu den anderen Elementen in der Wohnung paßt. Möglicherweise »beißt« sich die grüne Tapete, die Sie im Musterkatalog so hübsch fanden, mit den gelben Bezügen Ihrer Sessel. Denken Sie auch daran, daß Farben an der Wand meist ganz anders wirken als in einem Buch – dafür sorgen schon die veränderten Größenverhältnisse. Was auf einer Farbkarte als »lustiger Tupfer« wirkt, kann Sie »zum Wahnsinn treiben«, wenn es an der Stirnseite Ihres Wohnzimmers prangt.

Am einfachsten haben Sie es natürlich, wenn Sie eine Wohnung vollkommen neu einrichten. Denn dann können Sie von Anfang an die farbliche Harmonie aller Elemente mit einplanen. Beginnen Sie am besten damit, für Wände, Böden und Decken möglichst neutrale »gedeckte« Farben zu wählen, etwa ein helles Braun oder ein gebrochenes Weiß. (Vorsicht mit »reinem« Kalkweiß; es hellt den Raum zwar außerordentlich auf, wirkt aber schnell kalt und ungemütlich!)

Wenn Sie nur umziehen oder renovieren und dabei bereits vorhandene Möbel mit in die Farb-Planung einbeziehen müssen, sollten Sie vor allem eines beachten: Je kräftiger Muster oder Farben der Möbel sind, desto zurückhaltender sollten Sie beim Teppich und bei den Tapeten sein. Andernfalls entsteht leicht ein außerordentlich unruhiger Eindruck in den Zimmern.

Trotzdem: Keine Angst vor kräftigen Farben. Viele Menschen haben eine oft ganz unerklärliche Scheu, ganze Wände oder auch Räume einmal ganz anders zu streichen als mit dem »üblichen« Elfenbeinweiß. Überlegen Sie allerdings genau, welche Farbe Sie wählen, denn gerade an kräftigen Tönen, die aus dem Rahmen fallen, sieht man sich rasch satt. Speziell bei dunklen Wandfarben kann es dann recht mühsam und teuer sein, sie wieder zu überstreichen.

Auch die Größe des Raumes sollte bei der Farbwahl berücksichtigt werden. Kühle und helle Farben lassen ein Zimmer groß, dunkle und warme Farben eher bedrängend und klein erscheinen. Übrigens ist es eine interessante Tatsache, daß sich durch die Farbgebung eines Raumes nachweislich das subjektive Wärmeempfinden regulieren läßt: Die Temperatur eines Zimmers, das blau oder weiß getönt ist, kommt uns um einige Grade niedriger vor als ein gelb oder rot getöntes. Bei einem farbpsychologischen Experiment ergab sich in diesem Zusammenhang das folgende: Zwei identische Büroräume wurden blaugrün beziehungsweise orangefarben gestrichen. In jeden Raum setzte man eine Testperson, die Büroarbeiten erledigen sollte. Dann wurde ohne Ankündigung nach und nach die Raumtemperatur gesenkt. Im blaugrünen Raum klagte die Testperson bereits bei 15 Grad über Kälte, während die Temperatur

Farben haben Einfluß auf das Wärme- und Kälteempfinden

im orangeroten Büro auf 11 Grad sinken konnte, bevor die Versuchsperson es als kalt empfand (nach Ryberg).

Falsch gewählte Farbtöne können nicht nur das seelische Wohlbefinden und die Leistungsfähigkeit eines Menschen beeinträchtigen, sondern auch ganz konkrete körperliche Beschwerden hervorrufen – wie beispielsweise Kopfschmerzen und Augenbrennen. Deshalb ist eine wohlüberlegte Farbenwahl nicht nur eine Frage von Geschmack oder vorherrschender Mode, sondern auch ein gutes Stück Gesundheitsvorsorge.

Während sich in früheren Zeiten das gesamte Leben meistens in einem einzigen Raum abspielte, sind moderne Wohnungen nach verschiedenen Funktionen aufgeteilt – auch diese sind bei der Farbgebung zu beachten. Da gibt es Wohn- und Schlafzimmer, Arbeits- und Eßzimmer, Kinderzimmer, Bad und Küche. Mit jedem dieser Zimmer verbinden wir bestimmte Bedürfnisse: Schlafen, Entspannen, Arbeiten usw. Jeder Raum sollte deshalb so gestaltet werden, daß seine Farbe seiner Bestimmung entspricht.

Die Farbe eines Raumes sollte entsprechend seiner Bestimmung gewählt werden

Vielleicht haben Sie einmal die Gelegenheit, sich das Goethe-Haus in Weimar anzusehen. Dieses kann nämlich auch heute noch als Beispiel für eine durchdachte und psychologisch richtige Farbgestaltung gelten. (Nicht umsonst hat sich ja Johann Wolfgang von Goethe lange Jahre mit Farbforschung beschäftigt – u. a. auch mit der Untersuchung der Wirkung der Farben auf die menschliche Psyche.)

Im Treppenhaus begegnen wir – gewissermaßen als Auftakt – Gemälden in den Regenbogenfarben Blau, Violett, Purpur und Gelb. Danach betritt man den Empfangsraum – in Blau gehalten, das jedoch durch

69

goldgelbe Tapetenränder gemildert wird. Im Festsaal dominiert dann gänzlich die goldgelbe Farbe und lädt ein zu Freude und Geselligkeit. In einem weiteren Zimmer lädt die Purpurfarbe zu ernsteren Gesprächen ein. Der Raum, der Goethes Majolikasammlung enthält, ist in der Farbgebung lichtgrau und neutralisiert damit gewissermaßen die starke Farbgebung der vorangehenden Zimmer – bevor er in die grüne Stube überleitet, in der Goethe sich vorwiegend aufhielt.

Wohnzimmer
Hier vermitteln Brauntöne das Gefühl von Wärme und Behaglichkeit – eine Art »Höhengefühl«. Aber Vorsicht: Zuviel Braun wirkt langweilig! Setzen Sie ein paar Akzente – beispielsweise in Indigoblau und Orange. Beide Farben unterstützen und fördern liebevolle Beziehungen innerhalb der Familie. Warm und gemütlich wirken auch Gelb, Elfenbein, Rot, Beige und Creme.
Entspannend ist auch Grün, dabei kommt es allerdings auf die Nuancen an: Blaugrün wirkt eher kühl, Gelbgrün eher wärmend. Auf jeden Fall sollten Sie Grünpflanzen im Wohnzimmer haben. Diese wirken nicht nur beruhigend – sie werden auch als lärmdämpfend empfunden. Und: Kinder, die in den ersten Lebensjahren nicht genug Grün sehen, werden öfter farbenblind als andere Kinder! Deshalb sind Grünpflanzen – beispielsweise auf der Fensterbank – nicht nur eine Zierde, sondern lebenswichtig.

Schlafzimmer
Rot mag zwar die Leidenschaft fördern (wie wäre es mit einem auswechselbaren roten Lampenschirm für die Nachttischlampe?), aber nicht das Einschlafen. Dafür eignen sich besser Blau- und Grüntöne: Sie beruhi-

gen das Nervensystem und wirken sogar gegen Alpträu-
me und Angstgefühle. Andererseits sollte diese Farbgebung nicht unbedingt zum Dogma gemacht werden.
Gerade das Schlafzimmer wirkt ja wie eine Art Nest, in
das man sich zurückziehen und hineinkuscheln möchte. Hier kommt es sehr auf die individuellen Bedürfnisse an.

Kinderzimmer
Kinderzimmer wirken prägend! Deshalb sollten diese
Räume auf keinen Fall zu bunt und unruhig sein. Viele
Kinder sind heute nervös und leicht erregbar – deshalb
sollte man ihnen vor allem in ihrem eigenen Bereich
eine beruhigende Umwelt schaffen.
Im Kinderzimmer müssen nicht unbedingt ausschließlich die reinen Grundfarben verwendet werden. Gerade sanfte Nuancierungen können sehr beruhigend wirken, zu kreativem Spielen anregen und sogar
Aggressionen abbauen. Seit langem ist die besänftigen-
de Wirkung grünlich oder bläulich gestrichener Wände auf hyperaktive Kinder bekannt. Auch Ängste bei
Kindern können durch eine solche Farbgebung zumindest gemildert werden.

Küche und Eßzimmer
In vielen Familien ist der Eßtisch – ob er nun in der
Küche, in der Eßecke oder im Speisezimmer steht – ein
wichtiger Treffpunkt. Deshalb sollten die Farben hier
warm und appetitanregend sein. Orange in seinen un-
terschiedlichsten Nuancen ist in diesem Fall eine besonders gut geeignete Farbe. Gerade Kinder, die nicht
essen mögen, können durch diese Farbe gefühlsmäßig
unterstützt werden.
Sollten Sie allerdings zu Gewichtsproblemen neigen,

sollte die Farbe Orange in Küche und Eßzimmer besser vermieden werden. Dann sollten Sie sich möglicherweise für Grüntöne entscheiden.

Arbeitszimmer
Das Arbeitszimmer beziehungsweise die Arbeitsecke wahrscheinlich Ihr ureigenster Bereich ist, kommt es hier jeweils auf die Persönlichkeit an, welche farblichen Akzente gesetzt werden sollen.
Wollen Sie Ihre Konzentrationsfähigkeit verbessern? Dann wählen Sie Gelb. Diese Farbe wirkt überdies ermunternd und kommunikationsfördernd, ist also auch gut geeignet für Räume, in denen Besucher empfangen werden.
Möglicherweise haben Sie aber ohnehin schon zu viele Ideen? Dann hilft Ihnen Blau, sich auf eine Sache zu konzentrieren und sich nicht zu zersplittern.
Sind Sie eher philosophisch oder künstlerisch veranlagt, schafft Violett eine Atmosphäre der Inspiration.

Fitneß-Raum
Immer mehr Menschen richten sich – beispielsweise in einem ausgebauten Keller – einen Fitneßraum ein, in dem sie Gymnastik treiben oder mit Hanteln, Ergometer oder Rudergerät trainieren. Auch hier sollte auf die Farbgestaltung geachtet werden: Setzen Sie zumindest einige rote Farbakzente – denn nachweislich stimuliert die Farbe Rot Muskel- und Pulstätigkeit!

So wirken die Farben im Wohnbereich

Vermutlich werden Sie Ihre Wohnung nicht in einem einzigen Farbton einrichten können oder wollen. Denken Sie also daran, daß sich die einzelnen Farben auch untereinander beeinflussen. Kontraste und Zusammenspiel der verschiedenen Farbtöne haben nicht nur eine Wirkung auf den psychologischen Effekt der Einzelfarben, sondern auch auf ihren scheinbaren Ton. So ist die Wirkung einer Farbe auch von der Beleuchtung abhängig – die meisten Farbzusammenstellungen sehen bei elektrischem Licht ganz anders aus als im Sonnenschein!

Hier eine Faustregel, die jeder Innenarchitekt kennt: Gehen Sie bei der Farbplanung Ihrer Wohnung nie von mehr als zwei Farben pro Raum aus, sonst entsteht rasch ein buntes Durcheinander (was allerdings in manchen Fällen auch ganz reizvoll sein kann – das ist aber eher die Ausnahme).

Die Wirkung einer Farbe ist stark vom einfallenden Licht abhängig

Die sicherste – und oftmals auch ästhetisch ansprechendste – Lösung Ihrer Farbprobleme ist meist die Ton-in-Ton-Methode. Dabei entscheiden Sie sich für eine Farbe, die dann in verschiedenen helleren und dunkleren Abstufungen den Raum beherrscht – natürlich mit kleinen andersfarbigen Tupfern dazwischen.

Zwei Dinge sollten Sie allerdings beachten:

- »Ton-in-Ton« heißt nicht, daß alles im Raum genau die gleiche Farbe haben soll, denn gerade die Ton- und Helligkeitsabstufungen gliedern den Raum optisch und machen den Reiz dieses Gestaltungsprinzips aus.

- Außerdem gehören aus optischen Gründen die dunkleren Töne »nach unten«. Wände und Decken sollten im Regelfall heller sein als der Bodenbelag – sonst könnte Ihnen leicht »die Decke auf den Kopf fallen«.

Im folgenden nun einige zusammenfassende Hinweise,

wie die einzelnen Wohnfarben am besten angewendet werden:

Gelb

Dies ist die hellste Farbe überhaupt. Wer sie liebt, gilt als aufgeschlossen, zukunftsorientiert und an allem Neuen interessiert. Meist umgibt er sich gern mit Glänzendem – Chrom, Glas, Spiegeln.

In Räumen wirkt Gelb heiter, optimistisch und macht das Zimmer optisch größer. Doch Vorsicht: Gelb ist nicht gleich Gelb – das Vorherige gilt für ein warmes Gelb mit einem leichten Stich ins Orangefarbene. Ein grelles Zitronengelb dagegen kann ausgesprochen penetrant wirken, vor allem auf größeren Flächen!

Grün

Diese Farbe ist ein Symbol für Festigkeit, Stabilität und Beharrlichkeit. Sie hat eine ausgesprochen beruhigende und entspannende Wirkung – wohl, weil sich automatisch die Assoziation zum Grün der Natur einstellt. In Extremfällen kann es sogar einschläfernd wirken.

Rot

Rot ist die Farbe der Aktivität, der Dynamik und Vitalität. Als »Weinrot« kann es sehr edel und vornehm wirken – »reines« Rot dagegen wirkt an- und aufregend. Bei der Inneneinrichtung sollten Sie es mit Vorsicht verwenden. In einem ganz in Rot gehaltenen Raum werden die meisten Menschen schon nach kurzer Zeit nervös oder sogar aggressiv. Zum Setzen einzelner Farbakzente dagegen ist es hervorragend geeignet.

Blau

Blau beruhigt und entspannt. Es ist daher besonders

für Schlafzimmer geeignet. Achten Sie allerdings auf eines: Je mehr Weiß mit dem Blau kombiniert wird, und je reiner die Farbe ist, desto kälter wirkt der Raum.

Braun

Für die Einrichtung einer Wohnung ist Braun geradezu ideal, weil es Wärme und Gemütlichkeit vermittelt. Für kleine Räume ist es allerdings ungeeignet, denn es läßt die Wände optisch »zusammenrücken«.

Die Bedeutung der Farbe in der Ernährung

D as Auge ißt mit«, heißt ein bekannter Satz. Das bedeutet, daß eine Mahlzeit nicht nur hübsch angerichtet sein sollte, sondern daß für die Anregung des Appetits auch die Farben sehr wichtig sind.

Diese Tatsache hat sich die Lebensmittelindustrie zunutze gemacht, indem sie vielen Produkten Farbstoffe zusetzt. Das gilt vor allem für Limonaden und Süßigkeiten. Aber auch Konserven, Marmeladen, Margarine usw. enthalten Farbstoffe, um so ihr Aussehen aufzuwerten – ein Verfahren, das man als »Lebensmittelkosmetik« bezeichnen könnte.

Auch Landwirte wissen schon seit langem, daß gelbe Butter und Eier mit einem leuchtenden Eigelb sich besser verkaufen lassen als blasse Produkte. Deshalb ist die Sommerbutter besonders begehrt – durch das frische Grün und nicht zuletzt durch die Löwenzahnblüten hat sie ein verlockendes Gelb, das ganz ohne künstliche Zusatzstoffe entsteht. Die Dotterfarbe der Eier läßt sich durch eine entsprechende Fütterung mit roten Rüben erzielen.

Aber nicht jede Farbe paßt zu jedem Nahrungsmittel. Ein grüner Salat läßt einem das Wasser im Munde zusammenlaufen aber ein grünes Stück Fleisch bestimmt nicht! Es gibt in diesem Zusammenhang interessante Experimente, bei denen gut zubereitete und

Rot: *Blut, Feuer, Aktivität, Dynamik, Gefahr – anregend, vitalisierend, wärmend*

Blau: *Himmel, Wasser, Ferne, Transzendenz – beruhigend, kühlend*

Grün: *Natur, Leben, Wachstum, Fruchtbarkeit – harmonisierend, regenerierend, entspannend*

Gelb: *Sonne, Licht, Leben, Göttlichkeit – aufheiternd, stärkend, stimulierend*

Violett: *Verinnerlichung, Einkehr, Vereinigung von Gegensätzen – entspannend, schmerzlindernd, meditativ*

Orange: *Sonne, Erleuchtung, Lebenslust – aufbauend, leistungssteigernd*

»Einfarbige« Ernährung ist auf Dauer ungesund. Ernähren Sie sich möglichst bunt.

wohlschmeckende Gerichte mit nicht »passenden« Lebensmittelfarben behandelt und außerdem noch mit farbigem Licht angestrahlt wurden, z. B. also violette Steaks und blaue Eierspeisen auf dem Tisch standen. Vielen Testpersonen wurde schon beim bloßen Anblick der Speisen so übel, daß sie sich übergeben mußten.

Aber Farbe wird nicht nur über das Auge aufgenommen, sondern über den ganzen Körper, in diesem Fall also auch über die Verdauungsorgane. Der Farbforscher Lichtenstein bewies dies durch das folgende Experiment: »Er ernährte sich einige Wochen lang ausschließlich von Wasser und sogenannter Weißkost. Das heißt, er nahm nur Weißbrot, Eiweiß von hartgekochten Eiern, Zucker, Quark, entrahmte Milch usw. zu sich. Im Grunde waren in dieser Ernährung alle lebenswichtigen Nährstoffe enthalten. Trotzdem war die Folge eine Magen-Darm-Erkrankung. Nachdem er Weißbrot abgesetzt hatte und sich wieder mit »farbigen« Lebensmitteln ernährte, wurde er – ohne jede Einnahme von Medikamenten – nach bereits drei Tagen wieder völlig gesund.«

»Einfarbige« Ernährung führt zu gesundheitlichen Störungen

Die Farben sind also offensichtlich Träger von lebenswichtigen Bestandteilen unserer Nahrung. Lichtenberg ging sogar so weit, daß sie für die Ernährung eine mindestens ebenso wichtige, wenn nicht größere Bedeutung hätten als die in den Lebensmitteln enthaltenen Vitamine. So führte er beispielsweise die Frühjahrsmüdigkeit nicht auf einen Vitamin-, sondern auf einen Farbmangel zurück.

Ob diese Hypothese haltbar ist, sei dahingestellt. Sicher ist auf jeden Fall, daß nicht nur das Vitamin-, sondern auch das Farbengleichgewicht in der Ernährung für eine Gesunderhaltung des Körpers von Bedeutung ist. Farbtherapeuten empfehlen deshalb, auch diesen Aspekt bei der Vorbeugung und Heilung zu beachten. Dazu im folgenden einige Beispiele (nach Muths).

Rot

Nahrungsmittel dieser Farbe enthalten in vielen Fällen Karotine, die für die körpereigene Bildung von Vitamin A notwendig sind. Vitamin-A-Mangel ist oft die Ursache von Nachtblindheit, Hautschäden und Knochenschäden.

Rote Farbstoffe sind enthalten in:
Roter Bete, Rotkohl, Tomate, roter Paprika, Radieschen, Himbeeren, Erdbeeren, Kirschen, Äpfeln.

Rotgelb

Auch in zahlreichen Nahrungsmitteln dieser Farbe sind Karotine enthalten.

Rotgelbe Farbstoffe sind enthalten in:
Melonen, Möhren, Kürbissen, Aprikosen, Orangen.

Gelb

Nahrungsmittel mit dieser Farbe enthalten Flavone, gelbe Farbstoffe, die die Kapillardurchlässigkeit vermindern und eine blutungshemmende Wirkung haben. Sie regen auch die Harnausscheidung an. Besonders der Sanddorn ist ein wichtiger Flavonträger.

Gelbe Farbstoffe sind enthalten in:
gelber Paprika, Bananen, Grapefruit, Zitronen, Ananas, Mais.

Grün

Das in den Pflanzen enthaltene Chlorophyll verwandelt die Lichtenergie in chemische Energie und macht sie so direkt dem Körper zugänglich. Das Chlorophyll weist Ähnlichkeiten mit dem Blutfarbstoff Hämoglobin auf, enthält jedoch statt Eisen Magnesium.

Grüne Farbstoffe sind enthalten in:

Bohnen, Erbsen, Salat, Spinat, grüner Paprika, Petersilie, Schnittlauch und anderen Kräutern.

Farbe und Sternzeichen

Auch zwischen dem Sternzeichen, unter dem ein Mensch geboren ist, und der von ihm bevorzugten Farbe finden sich häufig Entsprechungen. Oft werden Lieblingsfarben dabei im Übermaß verwendet und können so eine ungünstige Wirkung ausüben. Diese läßt sich jedoch mildern, wenn man seine zugeordnete Farbe kennt und bewußt beobachtet, wie man darauf reagiert.

Widder

21. 3.–20. 4.

Der Widder zieht die rote Farbe vor, denn er ist lebhaft, aktiv und temperamentvoll. Gerade deswegen aber kann ihm ein Zuviel an Rot auch gefährlich werden und ihn zu Überanstrengungen und Gefühlsausbrüchen verleiten. Ein beruhigendes Blau kann helfen, hier ein Gleichgewicht zu schaffen.

Stier

21. 4.–20. 5.

Der erdverbundene Stier bevorzugt die grüne Farbe, denn er liebt die Natur, das Leben – und seine Ruhe. Ungünstig wird das Grün für ihn allerdings, wenn es in zu dunklen Tönen schwingt und ihm dadurch zuviel Erdenschwere gibt. Ein Tupfer Orange könnte helfen, ihn wieder in Bewegung zu bringen.

Zwillinge
21. 5.–21. 6.
Zwillingsgeborene lieben die gelbe Farbe. Ihre geistige Beweglichkeit und ihre Kommunikationsfreudigkeit wird dadurch noch mehr angeregt. Ihnen kommen noch mehr Ideen, als sie ohnehin schon haben. Das birgt die Gefahr der Zersplitterung und Flatterhaftigkeit in sich. Ausgleich kann durch sanfte Blau-Grün-Töne oder auch durch ein helles Violett geschaffen werden.

Krebs
22. 6.–22. 7.
Durch seinen Planeten ist der Krebs dem Mond verbunden und fühlt sich deshalb auch zu weißen und silbernen Farben hingezogen, liebt aber auch das Blau. Da Krebse viel Geborgenheit brauchen, wird ihnen mitunter aber etwas Braun oder ein aufhellendes Gelborange guttun.

Löwe
23. 7.–23. 8.
Der Löwe zieht Orange vor. Das ist die Farbe der flammenden Sonne, die ja auch sein Planet ist. Ein Zuviel an dieser Farbe kann jedoch zu Nervosität führen und sollte dann durch blau-grüne Töne gemildert werden.

Jungfrau
24. 8.–23. 9.
Die Jungfrau liebt am meisten das Blau als Spiegel des Lebensernstes und des Charaktergleichgewichts. Von

beidem haben Jungfrau-Geborene aber eigentlich schon genug mitbekommen. Eine gelegentliche Aufhellung durch etwas Gelb oder Orange könnte ihnen helfen, auch die heitere Seite des Lebens zu sehen.

Waage
24. 9.–23. 10.
Die Waage tendiert zu Rosa als Lieblingsfarbe – damit kann sie auch feinste Stimmungen unterstreichen. Sie ist feinsinnig, künstlerisch veranlagt und immer auf Ausgleich bedacht. Dadurch verliert sie leicht das Gefühl für das eigene Ich. Hier könnte als Gegengewicht Grün oder kräftiges Orange dienen.

Skorpion
24. 10.–22. 11.
Skorpione lieben oft Schwarz. Es wirkt wie sie selbst – geheimnisvoll und oft mit einer Tendenz zum Mystisch-Esoterischen. Dies kann sich in manchen Fällen als Gefährdung für die Persönlichkeit erweisen. Die Verwendung von Grün kann sie dann ins »wirkliche Leben« zurückbringen.

Schütze
23. 11.–21. 12.
Als Luftwesen bevorzugt der Schütze die blaue Farbe, bis hin zum Königsblau. Trotz ihrer Leichtigkeit sind Schützen ausgeglichene Wesen, die durchaus zur Ernsthaftigkeit fähig sind. Ein warmes Braun könnte ihnen gelegentlich etwas mehr Festigkeit geben.

Steinbock
22. 12.–20. 1.
Der Steinbock neigt der braunen Farbe zu, am liebsten,

wenn diese nach Rot oder Gold hinüberschimmert. Mitunter macht ihn dies etwas unbeweglich, dann sollte ein Zuviel an Braun durch Gelb oder Orange kompensiert werden.

Wassermann
21. 1.–19. 2.

Wassermänner entschließen sich in vielen Fällen für Indigo – also jene Blautönung, die leicht nach Violett hinüberschimmert. Indigo wird auch als Farbe der heimlichen Rebellen bezeichnet, was sehr gut auf die unkonventionellen Wassermänner zutrifft. Bei ihnen ist mitunter ein beruhigendes Grün angebracht.

Fische
20. 2.–20. 3.

Fische-Geborene entwickeln eine starke Neigung zu Grau – die Farbe des Menschen, der nüchtern ist wie die Wirklichkeit. Ein Tupfer Rot oder Orange sollte gelegentlich etwas Farbe in ihr Leben bringen.

Mit Farben heilen

W ie wichtig sind Farben für die Gesundheit des Menschen? Gibt es – ähnlich dem Hormonhaushalt, dem Nervensystem usw. – auch einen Farbenhaushalt im menschlichen Körper? Farbtherapeuten bejahen diese Frage und behandeln ihre Patienten mit allen Farben des Spektrums.

Oft werden durch diese sanfte Therapieform in kürzester Zeit verblüffende Heilerfolge erzielt. Aber durch die subjektive Art dieser Behandlungsform gibt es auch Schwierigkeiten: Was dem einen Patienten hilft, kann bei dem anderen vollkommen wirkungslos bleiben. Zwar lassen sich bestimmte Farben bestimmten Krankheiten zuordnen, doch damit ist es nicht getan: Die Mischung, die Farbnuance spielt beispielsweise eine Rolle, außerdem die Frage, wie lange und wie oft diese Farbnuance bei diesem Patienten angewendet wird und mit welchen weiteren Farben eventuell abzuwechseln ist.

Man kann sich zwar mit einer Farbtherapie selbst behandeln – aber schneller und wirksamer wird ein erfahrener Farbtherapeut diese alternative Behandlungsform anwenden können. Außerdem sorgt er im Zweifelsfall dafür, daß Sie in fachärztliche Behandlung kommen, wenn

Bei anhaltenden Beschwerden immer einen Arzt aufsuchen

84

sich hinter scheinbar harmlosen, aber anhaltenden Beschwerden ein ernstes Leiden verbirgt.

Worin besteht nun die Heilwirkung der Farben? Die bioelektrischen Reize, die vom Farbenlicht ausgehen, betätigen sich auch noch in der kleinsten Zelle unseres Körpers segensreich. Außerdem sind auch die Farbschwingungen von größter Bedeutung: Die Körperzellen haben Schwingungen – und auch die Farben. Bringt man beide in Harmonie, so dient dies der Heilung und der Gesundheit.

Der menschliche Körper braucht – so der Farbtherapeut Heinz Schiegl –, um gesund zu bleiben, nicht nur Fett, Eiweiß usw., sondern auch einen ausgeglichenen Farbenhaushalt. Mangelt es ihm an Farben oder gerät sein Farbenhaushalt durcheinander, kommt es zu körperlichen und/oder seelischen, hauptsächlich aber zu organischen Schäden und Krankheiten. Hier kann die Behandlung mit Farben helfen.

Bei den meisten Menschen kann man geradezu einen »Hunger« nach bestimmten Farben feststellen. Tuberkulosepatienten entwickeln oft ein starkes Verlangen nach der Farbe Rot, während Gallenkranke oder Personen, die leicht zum Erbrechen neigen, die Farbe Gelb ablehnen.

Interessant ist in diesem Zusammenhang auch die Tatsache, daß sich in Ländern mit karger Vegetation und trister Landschaft der Farbmangel deutlich auf die Psyche der dort lebenden Menschen auswirkt. So kann man dort einen vergleichsweise höheren Alkohol- und Drogenkonsum feststellen.

Es gibt auch andere Erklärungen für die Heilwirkung der Farben, doch im Prinzip sind sich die Vertreter der Farbtherapie einig: Manche Farben – die »warmen« – aktivieren; andere – die »kalten« – wirken eher dämpfend. So kann man beispielsweise durch die »warme« Farbe Rot bessere Durchblutung erzielen und manche Herzkrankheiten bekämpfen. Durch die Bestrahlung mit der »kalten« Farbe Blau läßt sich eine Gefäßverengung und damit eine Art Blutleere erzeugen – was es z. B. dem Zahnarzt ermöglicht, kleinere Operationen und Eingriffe auch ohne Spritze schmerzlos durchzuführen.

Auch psychisch Kranken können Farben helfen. Man hat festgestellt, daß apathische Patienten in einem roten Zimmer munterer werden und übererregte Kranke in einem blauen Zimmer ruhiger werden.

Die Farbtherapie ist also nicht nur eine Methode, Krankheiten des Körpers zu behandeln, sondern sie hilft auch bei seelischen Konflikten und Problemen. Was besonders wichtig ist: Sie hilft uns dabei, unsere eigenen inneren Heilungsfähigkeiten zu erkennen und zu entwickeln.

Es gibt zahlreiche Beispiele aus aller Welt über die Wirkung und die Heilerfolge der Farbtherapie:

- Im Jahre 1956 erregte der kanadische Professor Dr. Hank Wohlfahrt in der medizinischen Fachwelt mit einer besonderen Versuchsreihe Aufsehen: Er konnte nachweisen, daß Farben auf körperliche Abläufe im Menschen Einfluß ausüben. Schon wer zehn Minuten lang farbige Flächen ansieht, verändert unbewußt Atmung, Blutdruck und Pulsfrequenz.

- In den USA wurden in vergangenen Jahrzehnten Zehntausende von Frühgeborenen, die unter Gelbsucht litten, statt mit Bluttransfusionen erfolgreich mit blauem Licht behandelt.

- In der früheren Sowjetunion werden seit langem Bergleute mit ultraviolettem Licht behandelt, um so der in diesem Beruf so häufig vorkommenden Staublunge vorzubeugen.

- Ebenfalls in der früheren Sowjetunion – vor allem in den Landesteilen, die einen langen dunklen Winter haben – werden die Schulräume mit verschiedenfarbigen Lampen beleuchtet. Ergebnis: Die Kinder wachsen schneller, sind weniger oft erkältet und bringen bessere Leistungen.

- In amerikanischen Gefängnissen wurde festgestellt, daß auf aggressive Gefangene die Farbe Rosa schneller als ein Beruhigungsmittel wirkt. Bereits nach wenigen Sekunden trat beim Aufenthalt in einem ganz in Rosa gehaltenen Raum ein muskelschwächender Effekt ein. Nach der Behandlung war es denn auch möglich, mit den Gefangenen ein ruhiges Gespräch zu führen.

- In England wird in verschiedenen Kinderkrankenhäusern eine besondere Therapielampe eingesetzt, die neben einem satten blauen Licht auch Spuren von Purpur und Gelb enthält – diese Mischung beruhigt Kinder, die sich vor der Dunkelheit fürchten.

- In den USA konnten bei Epilepsie- und Parkinson-Patienten die Spasmen wesentlich gelindert werden, wenn sie mit blauen oder grünen Farben behandelt wurden. Rot dagegen verschlimmert das Krankheitsbild und konnte zu akuten Ohnmachtsanfällen führen.

- Eine der neuesten Entdeckungen im Bereich der Farbtherapie stammt von dem englischen Arzt John Anderson, der Migräne-Patienten sehr wirksam mit einer Spezialbrille behandelt. In diese ist ein spezielles Blinklicht eingebaut, das abwechselnd in kurzen Abständen auf das linke und auf das rechte Auge einwirkt.

Die Entwicklung der Farbtherapie

Die Farbtherapie spielte wahrscheinlich während der ganzen Menschheitsgeschichte eine Rolle. War es in vor- und frühgeschichtlichen Zeiten mehr der religiöse, spirituelle Ansatz, mit dem gearbeitet wurde, geht die moderne Wissenschaft – dem Bewußtseinszustand der heutigen Menschheit entsprechend – wesentlich rationaler vor. Das Ergebnis bleibt das gleiche: Farben können heilen.

Schon in prähistorischen Zeiten wurden Farben als Heilmittel verwendet. Ein Beweis dafür sind die Höhlenmalereien in den Pyrenäen und in Südafrika, die bis heute nichts von ihrer Leuchtkraft verloren haben. Die »Magie«, die damit ausgeübt wurde, wirkte sich direkt auf die Psyche und den Körper der damals lebenden Menschen aus.

Manche Farbtherapeuten behaupten sogar, daß es das Heilen mit Farben schon im sagenumwobenen und versunkenen Atlantis gab. Dort sei der überwiegende Teil der Kranken mit einer Farbtherapie behandelt worden.

Diese Tradition wurde von den alten Ägyptern fortgesetzt. Die Priester, die damals zugleich Ärzte waren, führten ihre Patienten – je nach ihrem Krankheitszustand – in verschiedenartig getönte Räume und ließen die für sie heilsamen Farben auf sie einwirken.

Auch im alten China wußte man von der heilsamen Wirkung der Farben auf Seele, Geist und Körper. Farben spielen in der klassischen chinesischen Volksmedizin eine bedeutende Rolle: Jede Farbe steht in Beziehung zu einer bestimmten Körperregion (Meridian). Rot wird beispielsweise als gut und förderlich bei Herzerkrankungen verwendet. Blau bei Kopfbeschwerden.

Die Farbtherapie war wesentlich im prähistorischen Peru sowie in Mexiko bekannt. Das gleiche gilt für das alte Indien, wo es einen wichtigen Bestandteil der Ayurveda-Medizin bildete, die ja heute noch praktiziert wird – **In vielen frühen Kulturen wurden Farben zu Heilzwecken eingesetzt** nicht nur in Indien, sondern mit wachsendem Erfolg auch weltweit. In Indien war es auch üblich, die Patienten über ausgewählte Farben meditieren zu lassen. Die Farben vor dem inneren Auge zu sehen und sie in Gedanken gleichsam einzuatmen wurde oft mit dem gleichen Erfolg eingesetzt wie eine äußere Farbtherapie.

In der abendländischen Tradition finden wir erst im Mittelalter die ersten Hinweise auf Farbtherapien. So baute der islamische Philosoph und Arzt Avicenna, der im 9. Jahrhundert in Spanien praktizierte, seine Farbtherapie auf der Lehre des Aristoteles von den vier Körpersäften auf und schlug vor, mit Farben die vier Temperamente (cholerisch, sanguinisch, melancholisch, phlegmatisch) zu beeinflussen.

In Deutschland entwickelte die Äbtissin, Mystikerin und Ärztin Hildegard von Bingen eine Farbtherapie, bei der sie vor allem auch mit der Wirkung von farbigen Edelsteinen arbeitete. Die wichtigste Farbe war für Hildegard das Grün, dem sie einen geradezu hymnischen Lobgesang widmete. Aber sie hatte auch bereits konkrete Rezepte, in denen der Anblick oder die Vorstellung (Visualisierung) einer grünen Wiese u. a. zur Stärkung geschwächter Augen empfohlen wird.

Zur Zeit der Renaissance und der Aufklärung war das Interesse an den Farben zwar sehr groß, aber es war eher ein rein physikalisches Interesse, und es entstanden deshalb auch keine neuen therapeutischen Systeme. Anfang des 18. Jahrhunderts veröffentlichte Isaac

Newton seine optischen Studien, in denen er vor allem seine Entdeckungen über die Zerlegung des Lichts in Spektralfarben durch ein Prisma beschreibt. Ein Jahrhundert später wird dieses Werk durch Johann Wolfgang von Goethe in seiner »Farbenlehre« sehr scharf kritisiert.

Erst Anfang des 19. Jahrhunderts besann man sich in den westlichen Ländern wieder auf die Heilkraft der Farben. So konstruierte der Amerikaner Edwin Babbitt einfache Lichtstrahler mit austauschbaren farbigen Glasfiltern, die eine relativ einfache und preiswerte Behandlung mit Farblicht ermöglichten.

Der italienische Arzt Ponza ließ 1875 in einer Nervenheilanstalt die Behandlungszimmer völlig einfarbig einrichten. Wenn er auch selbstverständlich dadurch keine vollständige Heilung seiner Patienten erzielen konnte, gelang es ihm zumindest, durch die gezielte Anwendung von Umgebungsfarben die Leiden seiner Kranken zu mildern.

Zu Beginn des 20. Jahrhunderts beschäftigte sich Rudolf Steiner, der Begründer der Anthroposophie, mit der Wirkung von Farben vor allem auf Kinder – z. B. im Unterricht (so sind ja auch in den von ihm initiierten Waldorfschulen die Räume für die einzelnen Jahrgangsstufen in unterschiedlichen Farben gestrichen). Aber auch für die Kunsttherapie zur Behandlung psychisch und physisch labiler Kinder gingen wichtige Impulse von seinen Erkenntnissen aus.

Um die Mitte unseres Jahrhunderts fand der Arzt Felix Deutsch heraus, daß die subjektive Einstellung der Patienten ein wesentlicher Faktor für den Heilerfolg einer Farbtherapie ist. Nur wer sich auf eine Farbe wirklich »einlassen« kann, kann durch die Behandlung auch zu optimalen Ergebnissen gelangen.

In unserer Zeit werden vor allem in England – das ja alternativen Heilmethoden gegenüber immer sehr aufgeschlossen war – gute Erfolge mit der Farbtherapie erzielt. Dabei wird oft als zusätzliches Therapie-Element eine entspannende Musik eingesetzt – z. B. bei dem ursprünglich aus Deutschland stammenden Theo Gimbel. Auch farbige Hautöle werden verwendet, z. B. von der Therapeutin Vicky Wall – eine Methode, die in Deutschland durch die bekannte Schauspielerin Ruth-Maria Kubitschek propagiert wird.

Mit Sicherheit wird die Entwicklung der Farbtherapie weltweit fortschreiten – gewissermaßen »interdisziplinär«, denn neben Heilpraktikern, Esoterikern und alternativen Heilern beteiligen sich auch viele Schulmediziner, Physiker und andere Wissenschaftler an der Erforschung der Heilwirkung der Farben.

Der Einsatz von Farben in der Therapie

Farbiges Licht hat eine tiefgreifende Wirkung auf den gesamten Organismus. Durch Bestrahlung (oder andere Formen der Farbtherapie) mit unterschiedlichen Farben werden chemische Umwandlungen im Körper bewirkt: Zellstoffwechsel und Heilungsprozesse kommen in Gang, Schmerzen verschwinden usw.

An der Universität von Cambridge wurde festgestellt, daß Rotlicht den Blutdruck und den Herzschlag erhöht und außerdem die Schmerzgrenze senkt. Diese Erkenntnisse veranlaßten den englischen Farbtherapeuten Theo Gimbel zu der Hypothese, daß Farben sowohl in der Vorsorgemedizin als auch in der Therapie von großem Nutzen sein können. So fand er beispiels-

weise heraus, daß blaues Licht beruhigend und entspannend wirkt und den Blutdruck senkt.
Es ist seit langem bekannt, daß Licht einen großen Einfluß auf den Körper hat. Die einzelnen Farben allein
haben aber eine noch größere Heilwirkung. Jede Far-
benstrahlart – gesondert angewendet – wirkt nach den
Erfahrungen von Farbtherapeuten tiefer als das weiße
Sonnenlicht insgesamt. In diesem sind zwar alle Farben des Spektrums enthalten, doch gebündelt ergän-
zen sie sich, und so heben sich ihre ganzen spezifi-
schen Wirkungen für die verschiedensten Krankheiten
gegenseitig wieder auf.

Blau

Blau ist eine heilende, beruhigende Farbe. Wenn Sie
sich physisch und psychisch erschöpft fühlen, sollten
Sie sie jedoch nicht verwenden – die beruhigende Energie dieser Farbe könnte das Gefühl der Kraftlosigkeit
noch vertiefen. So tritt beispielsweise bei blauem Licht
das Augenblinzeln nicht so häufig auf, und auch das
Sehzentrum im Gehirn bleibt passiv. Statt dessen wird
das parasympathische Nervensystem aktiviert, das sehr
stark durch Gemütsbewegungen beeinflußt wird.
Blutdruck und Pulsschlag verringern sich – was beruhigend wirkt. Auch die Muskelreaktion wird verlangsamt.
Durch die Entspannung von Muskeln und Nerven verbessern sich die feinmotorischen Fähigkeiten. Das bedeutet, daß bei einer blaugetönten Lichtquelle oder
auch bei blaugestrichenen Wänden usw. sich viele Arbeiten, die – im wörtlichen Sinn – Fingerspitzengefühl
erfordern, besser durchführen lassen.

Blaues Licht wirkt positiv auf die Sauerstoffaufnahme der Körpergewebe und reduziert gleichzeitig die Hormonausschüttung (beispielsweise von Adrenalin). Dadurch erklärt sich die beruhigende und oft einschläfernde Wirkung dieser Farbe. Insofern könnte Blau die ideale Farbe für die Ausstattung Ihres Schlafzimmers sein, falls Sie unter Schlaflosigkeit oder Nervosität leiden.

Durch Blau wird aber auch die Schmerzbereitschaft herabgesetzt. Diese Farbe wirkt überdies blutungshemmend. Der antibakterielle Effekt war in der Landwirtschaft in früheren Zeiten allgemein bekannt: In den Ställen wurden Wände **Blau wirkt heilend und beruhigend** und Fenster blau gestrichen, um Fliegen abzuwehren, die ja häufig Verursacher von Tierkrankheiten waren. Ein wissenschaftlicher Bericht des Instituts für Tierforschung in Bombay/Indien bestätigt außerdem, daß auch Raubtiere einen Widerwillen gegen Blau haben. So wurde in zahlreichen Versuchen festgestellt, daß Tiger keinen Stall anfallen, dessen Wände blau angestrichen sind.

Folgende Krankheiten können mit der Farbe Blau behandelt werden:

Arthrose
Augenschmerzen
Bandscheibenbeschwerden
Bluthochdruck
Durchfall
Halsschmerzen
Hämorrhoiden
Herzerkrankungen
Ischias
Kopfschmerzen

Leber- und Gallenerkrankungen
Magenbeschwerden
Nervosität
Ohrenentzündung
Rheumatismus
Schilddrüsenüberfunktion
Schlaflosigkeit
Schnupfen
Übergewicht
Warzen
Zahnfleischprobleme

Gegenindikationen:
Ganz allgemein sollten Sie eine Blaulicht-Bestrahlung nicht länger als 30 Minuten anwenden, weil sie stark einschläfernd wirkt. Wenden Sie die Farbe Blau auch nicht bei Muskelverspannungen, Lähmungen und schlechter Durchblutung an.

Grün

Grün ist eine regenerierende, harmonisierende Farbe. Sie beruhigt und entspannt. Deshalb sollte eine Bestrahlung mit grüner Farbe bei allen chronischen Krankheiten immer wieder angewandt werden. Übrigens hat auch das Grün der Natur diese heilsame Wirkung, machen Sie deshalb immer einmal wieder einen Spaziergang durch Wald und Wiese, oder setzen Sie sich auf die Terrasse oder in den Garten, und lassen Sie das hoffnungsvolle Grün auf sich einwirken.

Grün wirkt regenerierend und harmonisierend

Grün ist besonders heilsam für das Nervensystem. Und

auch die überanstrengten Augen (etwa nach der Arbeit an der Schreibmaschine oder am Computer) profitieren von der grünen Farbe. Das gilt übrigens ganz allgemein für alle Augenbeschwerden.

Im Grunde ist die Farbe Grün für die Einleitung jeder therapeutischen Behandlung geeignet, weil dadurch die innere Einstellung des Patienten positiv beeinflußt wird. Der Patient kann dadurch neue Kräfte sammeln und sich so auf die Behandlung einstellen.

Interessant ist auch, daß die verschiedenen Farbnuancen von Grün verschiedene Wirkungen hervorrufen können:

– Blaugrün wirkt eher anregend,
– Gelbgrün wirkt eher beruhigend.

Dies sollte vor allem bei der Selbstbehandlung beachtet werden.

Folgende Krankheiten können mit der Farbe Grün behandelt werden:

Appetitlosigkeit
Asthma
Augenschmerzen
Bronchitis
Depressionen
Herzerkrankungen
Krebs
Nervosität
Schwindel und Übelkeit

Gegenindikationen:

Im allgemeinen kann diese Farbe von jedem Menschen angewendet werden. Vorsichtig sollte man allerdings bei seelisch überempfindlichen und leicht ver-

letzlichen Menschen sein, die beispielsweise zu Über-
spanntheiten und Tagträumereien neigen.

Gelb

Gelb ist im allgemeinen eine sehr aufheiternde Farbe.
Wenn allerdings der Intellekt in Ihrem Leben schon
eine zu große Rolle spielt, sollten Sie diese Farbe besser
nicht allzu häufig anwenden. In allen anderen Fällen
wirkt diese Farbe aufmunternd und nervenstärkend.
Nicht umsonst wird die Farbe Gelb dem Sonnenge-
flecht – also der Zentrale unseres Nervensystems – zugeordnet.

Interessant ist auch der Effekt der gelben Farbe auf Tie-
Gelb wirkt aufmun- re. Es gibt wissenschaftliche Untersu-
ternd und nerven- chungen, die nachweisen, daß Hühner
stärkend mehr Eier legen, wenn man ihre Brut-
stätte mit dieser Farbe bestrahlt. Gelb ist eben eine Farbe, die in jeder Beziehung zur Kreativität anregt.

Der schwedische Farbtherapeut Karl Ryberg schreibt
darüber: »Im großen und ganzen kann man Gelb als
Stimulans für Gedankenkraft, Erinnerungsvermögen,
Sprachtalent und Entschlußfreudigkeit beschreiben. In
der Therapie wirkt Gelb wie das Licht oder wie eine
elektrische Aufmunterung ... Gelb ist wohltuend,
wenn Sie Anzeichen von Streß, Irritation und Nervosität (...) feststellen.«

Folgende Krankheiten können mit der Farbe Gelb be-
handelt werden:
Bronchitis
Diabetes

Leber- und Gallenerkrankungen
Muskelverspannungen
Schilddrüsenunterfunktion
Übergewicht
Verstopfung

Gegenindikationen:
Wenn Sie unter Migräne oder Schlafstörungen leiden,
sollten Sie in der Farbtherapie entweder gar nicht die
Farbe Gelb verwenden oder sie – wenn für bestimmte
Erkrankungen notwendig – nicht länger als fünf bis
zehn Minuten lang anwenden.

Orange

Die Farbe Orange ist ganz allgemein gesundheitsför-
dernd, aufbauend und leistungssteigernd. Diese Farbe
macht es allen »Morgenmuffeln« leichter, früh aufzu-
stehen. Außerdem ist sie ein gutes Heil- **Orange wirkt auf-**
mittel gegen Depressionen. Aber Orange **bauend und leistungs-**
fördert auch die Verdauung und wirkt **steigernd**
appetitanregend – also Vorsicht, wenn Sie Gewichts-
probleme haben! Auf der anderen Seite sind die oran-
genen Farbschwingungen unentbehrlich für unsere Gesundheit und Vitalität.

Folgende Krankheiten können mit der Farbe Orange
behandelt werden:
Appetitlosigkeit
Bandscheibenbeschwerden
Erkrankungen der Bauchspeicheldrüse
Blähungen

Depressionen
Husten
Ischias
Nieren- und Blasenerkrankungen
Schilddrüsenunterfunktion
Wechseljahrsbeschwerden

Gegenindikationen:
Wer unter Nervosität und Unruhe leidet, sollte bei der
Behandlung mit der Farbe Orange vorsichtig sein –
durch diese werden Energien geweckt, die möglicherweise nicht verkraftet werden können.

Rot

Die Farbe Rot bewirkt wohl die dramatischsten Effekte –
sowohl physisch wie auch psychisch. Ganz allgemein
steigert die Farbe die Aktivität – das gilt nicht nur für
die Arbeitsleistung, sondern auch für die Leistung der
Körperorgane. So steigt z. B. die Pulsfrequenz, der Blut-
Rot wirkt stark druck erhöht sich, der Blutzuckergehalt
anregend nimmt zu, der Adrenalinausstoß wird erhöht, die Muskelreaktionen werden beschleunigt. Diese letztere Tatsache ist beispielsweise für Sportler von
Interesse. Der schwedische Farbforscher Lars Sivik fand
in diesem Zusammenhang heraus, daß die Geschwin-
digkeit von motorischen Reaktionen bei Bestrahlung
mit rotem Licht um etwa 12 % höher ist als bei normalem weißen Licht!
Der Farbtherapeut Karl Ryberg (Stockholm) berichtet,
daß auch das menschliche Auge auf die Farbe Rot besonders stark reagiert, denn bei Bestrahlung mit rotem

Licht erhöht sich die Häufigkeit des Augenblinzelns pro Minute. Er schreibt dazu: »Unsere Augen haben anscheinend eine Sehschwelle von einer Hundertstelsekunde, was bedeutet, daß wir überhaupt nichts sehen, wenn uns ein Objekt für einen noch kürzeren Augenblick gezeigt wird. Steht uns etwas mehr Zeit zur Verfügung, können wir Konturen und Farben ganz schwach wahrnehmen. Wir brauchen minimal 0,02 Sekunden, um rotes Licht zu erkennen. Bei längeren Intervallen erkennen wir nach und nach die übrigen Farben des Spektrums.«

Die Farbe Blau nehmen wir übrigens zuletzt war, weil wir zu deren Registrierung 0,06 Sekunden benötigen. Rot ist also dreimal so schnell! Dies ist sicherlich auch ein Grund dafür, daß die Farbe für Warntafeln und Gefahrenhinweise bevorzugt verwendet wird, beispielsweise auch bei Verkehrsampeln, wo Rot »Stop!« bedeutet.

Rot gibt uns Mut, Stärke, Wärme (Rotlicht, aber auch eine rote Tapete, ein rotes Kleidungsstück steigern das Wärmegefühl des Körpers!) und eine erhöhte Fähigkeit zu körperlicher Liebe. Manchmal kann Rot aber auch wie ein Schock wirken – und wie jeder Schock entweder heilsam oder auch verwirrend. Diese Erfahrung kann man z. B. auch beim Malen machen, wobei Rot mitunter nicht nur an-, sondern auch aufregend wirkt und dann durch das Malen mit »kühleren« Farben beruhigt werden muß.

Folgende Krankheiten können mit Rot behandelt werden:
Arthrose
Asthma (Herzasthma)
Blasenentzündung
Blutdruck, niedriger

Durchblutungsstörungen
Fieber
Krampfadern
Lungenerkrankungen
Masern und Windpocken
Rheumatismus
Schnupfen (im Anfangsstadium)

Gegenindikationen:
Bei hohem Blutdruck sollte nicht mit Rot behandelt werden. Das gleiche gilt für die Neigung zu Schweißausbrüchen (beispielsweise während der Wechseljahre), bei Nervosität, Panik und Angstanfällen.

Violett

Die Farbe Violett wirkt hauptsächlich auf das Nervensystem. Sie wirkt entspannend und einschläfernd. Deshalb wird sie mitunter auch als das »Morphium« unter den Farben bezeichnet. Violett wirkt besonders stark im geistigen und spirituellen Bereich. Deshalb findet man diese Farbe auch so häufig in religiösen und rituellen Zusammenhängen, etwa beim Altarschmuck oder bei Priestergewändern.

Violett wirkt entspannend und schmerzlindernd

Die traditionelle Farbtherapie schreibt der violetten Farbe die Fähigkeit zu, die Hirntätigkeit zu stärken. Sie soll auch schmerzlindernd wirken und in manchen Fällen eine örtliche Betäubung ersetzen können.

Folgende Krankheiten können mit der Farbe Violett behandelt werden:

100

Asthma (Bronchialasthma)
Gicht
Hauterkrankungen
Schlaflosigkeit
Schwangerschaftsbeschwerden

Gegenindikationen:
Psychisch labile Menschen sollten diese Farbe nicht verwenden.

Die Farbtherapie im Krankheitsfall

Appetitlosigkeit

Ursachen
Hinter diesem immer häufiger auftretenden Symptom verbergen sich oft schwerwiegende Krankheiten. Suchen Sie deshalb bei länger anhaltender Appetitlosigkeit und vor allem bei Abmagerung unbedingt den Arzt auf, um sich gründlich untersuchen zu lassen. Sehr oft sind es seelische Probleme, z. B. im persönlichen Bereich (Schwierigkeiten in der Familie oder in der Beziehung) oder im Arbeitsumfeld (»Mobbing«), Streß durch überhöhte Anforderungen, aber auch Arbeitslosigkeit, die den »Appetit verderben«.

Farben, die helfen können
Orange, Grün

Weitere Maßnahmen
Eine ärztliche Untersuchung ist in jedem Fall zu empfehlen, um festzustellen, ob es sich um eine physische Erkrankung handelt. Bei seelischen Problemen sollten Sie das Gespräch mit einem Psychotherapeuten suchen. Ganz allgemein sollten Sie Aufregungen vermeiden – was natürlich leichter gesagt als getan ist. Achten

Sie auf jeden Fall auf regelmäßigen, ausreichenden Schlaf, machen Sie geruhsame Spaziergänge, und sehen Sie Ihre Mahlzeiten nicht als reine »Energiezufuhr« an, sondern als ein sinnliches Vergnügen, für das Sie sich Zeit nehmen.

Arthrose

Ursachen
Diese Abnutzungserscheinung des Knochengerüstes kommt nicht nur bei älteren Menschen vor. Besonders übergewichtige Menschen leiden häufig an dieser Erkrankung. Sie kann auf einem Mangel an Gelenkflüssigkeit beruhen, aber auch auf einer Abnutzung des Knorpels selbst. Oft treffen beide Ursachen zusammen.

Farben, die helfen können
Blau, Rot

Weitere Maßnahmen
Bei Übergewicht ist eine entsprechende Diät angebracht (die zweckmäßigerweise durch eine Psychotherapie begleitet werden sollte, denn Übergewicht hat in sehr vielen Fällen einen seelischen Hintergrund). Auch verschiedene Leistungssportarten führen mitunter zu einer Arthrose – weichen Sie also gegebenenfalls auf eine »sanftere« Sportart aus.

Asthma

Ursachen
Plötzlich auftretende Anfälle von Atemnot werden als Asthma bezeichnet. Es gibt zwei Hauptformen: das Bronchial-Asthma und das Herz-Asthma. Beide Formen können auf schwerwiegende Krankheiten hindeuten, deshalb sollten Sie unbedingt einen Arzt konsultieren. Bronchial-Asthma entsteht häufig durch allergische Reaktionen, kann aber auch erblich bedingt sein. Herz-Asthma wird meistens verursacht durch eine mangelhafte Funktion der linken Herzkammer, verbunden mit einer Lungenstauung.

Farben, die helfen können
Bei Bronchial-Asthma: Violett, Grün
Bei Herz-Asthma: Rot, Grün

Weitere Maßnahmen
Bei Bronchial-Asthma empfiehlt sich ein Allergietest, durch den festgestellt werden kann, welche allergieauslösenden Stoffe (z. B. Tierhaare, Bettfedern oder auch gewisse Nahrungsmittel) Sie meiden sollten. Oft hilft auch ein Klimawechsel, z. B. Urlaub oder eine Kur an der See oder in den Bergen.

Augenschmerzen

Ursachen
Oft ist eine Überanstrengung der Augen Ursache für die Beschwerden – dies kommt vor allem bei Schreibmaschinen- und Computerarbeit vor. Mitunter können

aber auch Starerkrankungen oder ein Überdruck im Augenbereich der Grund für Augenbeschwerden sein.

Farben, die helfen können
Blau, Grün

Weitere Maßnahmen
Falls möglich, sollten Sie Bildschirm- und Schreibmaschinenarbeit einschränken. Kühlende Augenkompressen – etwa mit Teebeuteln – helfen in leichten Fällen. Bei länger anhaltenden, schwerwiegenden Beschwerden sollten Sie einen Facharzt aufsuchen – möglicherweise brauchen Sie nur eine (neue) Brille.

Bandscheibenbeschwerden

Ursachen
Da die Wirbelsäule ständig stark beansprucht wird, kommt es bei den Bandscheiben (Zwischenwirbelringen) leicht zu einem vorzeitigen Verschleiß, der mit starken Schmerzen verbunden sein kann. Nur der Facharzt kann – nach eingehender Untersuchung – feststellen, welcher Teil der Wirbelsäule betroffen ist. Suchen Sie bei entsprechenden Beschwerden deshalb unbedingt einen Orthopäden auf.

Farben, die helfen können
Orange, Blau

Weitere Maßnahmen
Oft hilft die Behandlung durch einen erfahrenen Chiropraktiker. Auch Injektionen mit Symphytum-(Bein-

well-)Präparaten durch einen Heilpraktiker oder einen in der Naturheilkunde ausgebildeten Arzt haben sich bewährt.

Bauchspeicheldrüse, Erkrankungen

Ursachen
Nervöse Störungen können die Absonderungen der Verdauungssäfte beeinträchtigen. Häufig führen auch Keime im Dünndarmbereich zu einer Entzündung der Bauchspeicheldrüse. Schmerzen und Erbrechen können die Folge sein. Bei Verdacht auf eine Bauchspeicheldrüsenerkrankung sollten Sie unbedingt sofort einen Arzt aufsuchen.

Farben, die helfen können
Orange

Weitere Maßnahmen
Bei Problemen mit der Bauchspeicheldrüse ist es wichtig, daß Sie langsam essen und die Speisen gut kauen. Vermeiden Sie schwerverdauliche und blähende Nahrungsmittel (Kohl, Hülsenfrüchte usw.). Auf Alkohol sollten Sie möglichst verzichten.

Blähungen

Ursachen
Oft führt zu hastiges Essen, verbunden mit ungenügender Zerkleinerung der Nahrung, zu Blähungen. Aber

auch organische Krankheiten, die z. B. zu einer ungenügenden Bildung von Verdauungssäften führen, können die Ursache für Blähungen sein.

Farben, die helfen können
Orange

Weitere Maßnahmen
Nehmen Sie sich Zeit für Ihre Mahlzeiten, damit die Speisen gut eingespeichelt und gekaut werden können (das ist gerade bei zunehmendem Alter wichtig, weil dann die natürliche Säfteproduktion eingeschränkt ist). Vermeiden Sie blähende Speisen (Kohl, Hülsenfrüchte usw.).

Blasenentzündung

Ursachen
Blasenentzündungen – die meistens mit äußerst schmerzhaften Erscheinungen bei der Blasenentleerung verbunden sind – treten bei Frauen weit häufiger auf als bei Männern. Eine wesentliche Ursache ist oft eine unzureichende Bekleidung – besonders der Beine, Füße und des Unterleibs – während der kalten Jahreszeiten. Mitunter sind auch Verstopfungen, Blasensteine oder Infektionen Verursacher einer Blasenentzündung.

Farben, die helfen können
Rot

Weitere Behandlungen
Bettwärme ist bei dieser schmerzhaften Erkrankung besonders wichtig. Trinken Sie außerdem reichlich harn-

treibenden Kräutertee (Pfefferminz-, Lindenblüten-, Holunderblüten-, Bärentraubenblättertee). Als Vorbeugung gegen Blasenentzündungen empfiehlt sich eine der Witterung entsprechende Bekleidung, besonders des Unterleibs.

Blutdruck, niedriger

Ursachen
Ein niedriger Blutdruck kann Folge einer Infektionskrankheit, aber auch auf seelische oder körperliche Erschöpfung zurückzuführen sein. Es kann sich aber auch um eine organische Erkrankung des Herzens und seiner Gefäße handeln.

Farben, die helfen können
Rot

Weitere Maßnahmen
Bewegung im Freien – Spazierengehen, Wandern, Schwimmen – führt oft zu einer schnellen Besserung. Manche Ärzte empfehlen auch ein oder zwei Tassen Bohnenkaffee pro Tag. Am wirksamsten – besonders bei schwerwiegenden Fällen – ist der Aufenthalt im Hochgebirge.

Bluthochdruck

Ursachen
Ursache für einen hohen Blutdruck können verschiede-

ne organische Krankheiten sein (Herz-, Gefäß-, Nieren-
krankheiten). Oft aber ist auch seelischer Streß Auslöser dieser Erkrankung.

Farben, die helfen können
Blau

Weitere Maßnahmen
Meiden Sie soweit wie möglich Nikotin und Alkohol –
und versuchen Sie, extreme Streßsituationen zu vermeiden.

Bronchitis

Ursachen
Neben Infektionen können auch das Einatmen von
Umweltgiften und das aktive und passive Rauchen zu
einer Bronchitis führen.

Farben, die helfen können
Gelb, Grün

Weitere Maßnahmen
Frische Luft ist gut für Sie – aber nicht unbedingt hefti-
ge Bewegungen. Also kein Jogging, sondern lieber mo-
derate Spaziergänge. Übermäßiger Alkoholgenuß ist
ebenfalls zu vermeiden.

Depressionen

Ursachen
Manchmal sind Veränderungen im Gehirnstoffwechsel Ursache für Depressionen. Meistens sind sie aber in äußeren Ursachen begründet – beispielsweise durch berufliche oder familiäre Probleme.

Farben, die helfen können
Orange, Grün

Weitere Maßnahmen
Seien Sie gut zu sich selbst! Tun Sie alles, was Ihnen guttut – dazu gehört Sport treiben, eine Kunst ausüben, ein ganz neues Hobby beginnen, Spazierengehen, Schlafen, Meditieren, Lesen usw.

Diabetes

Ursachen
Diabetes – oder Zuckerkrankheit – ist eine Stoffwechselerkrankung. Dadurch kommt es zu Vergiftungszuständen, die sich als Benommenheit bis hin zur Ohnmacht äußern. Oft sind Erbanlagen die Ursache für das Entstehen der Krankheit.

Farben, die helfen können
Gelb

Weitere Maßnahmen
Das Wichtigste ist, daß Sie einen Arzt aufsuchen, der Sie auf die nötige Menge Insulin einstellt. Inzwischen

gibt es Geräte, um den entsprechenden Bedarf selbst festzustellen, und die meisten Zuckerkranken haben auch gelernt, sich selbst ihre Spritzen zu geben. Achten Sie auch darauf, regelmäßig zu essen – oft kann schon dadurch ein sogenannter Insulinschock verhindert werden.

Durchblutungsstörungen

Ursachen
Gefäßverengung, Verkalkung, Rauchen, aber auch die Einnahme der Pille können Grund für diese Gesundheitsstörungen sein.

Farben, die helfen können
Rot

Weitere Maßnahmen
Absolutes Rauchverbot – dadurch werden die Gefäße zusätzlich verengt. Das gleiche gilt übrigens für die Einnahme der Pille (weichen Sie statt dessen auf die Spirale aus oder bitten Sie Ihren Mann, sich sterilisieren zu lassen – für einen Mann ist das ein wesentlich kleinerer Eingriff als für eine Frau und außerdem rückgängig zu machen, was bei einer Frau nicht möglich ist).

Durchfall

Ursachen
Häufig sind Erkältungen oder eine falsche Ernährung die Ursachen von Durchfällen. Auf Reisen kommt es oft durch ungewaschenes Obst oder durch das Trinken von Leitungswasser zu diesem Übel. Aber auch seelische Probleme können der Grund für Durchfallerkrankungen sein. In manchen Fällen sind auch schwere organische Erkrankungen die Ursache.

Farben, die helfen können
Blau

Weitere Maßnahmen
Eine Mischung von geriebenem Apfel und einer zerquetschten Banane ist ein bewährtes Hausmittel. Bei Reisen in exotische Länder sollten Sie sehr vorsichtig beim Verzehr von ungewaschenem Obst und Gemüse sein. Trinken Sie kein Leitungswasser, und putzen Sie auch notfalls Ihre Zähne nur mit Mineralwasser. Bei länger anhaltendem Durchfall sollten Sie unbedingt Ihren Arzt aufsuchen.

Fieber

Ursachen
Fieber ist keine Krankheit, sondern ein Symptom. Normalerweise ist Fieber eine gesunde – und gesundende – körpereigene Reaktion auf eine Erkrankung, z. B. auf Infektionen.

Farben, die helfen können
Rot

Weitere Maßnahmen
Im Normalfall sollte man das Fieber noch unterstützen, etwa durch Lindenblüten- oder Holunderblütentee. Beide wirken schweißtreibend und beruhigend. Steigen die Temperaturen zu hoch, empfehlen sich Wadenwickel. Bei sehr hohem und länger anhaltendem Fieber sollte jedoch der Arzt hinzugezogen werden.

Gicht

Ursachen
Die Ursache für diese Erkrankung ist meistens eine chronische Störung des Harnsäurestoffwechsels, die mit einer Überempfindlichkeit gegen gewisse Stoffe verbunden ist. Oft ist die Krankheit erblich, in vielen Fällen aber auch mit einer fett- und fleischreichen Ernährung verbunden.

Farben, die helfen können
Violett

Weitere Maßnahmen
Besonders wichtig ist eine ausgewogene Ernährung – möglichst kein Fleisch, wenig Fett, viel Rohkost und Vollkornprodukte. Verzichten Sie auch auf Alkohol und alle scharfen Gewürze (Pfeffer, Curry usw.).

Halsschmerzen

Ursachen
Sehr häufig werden Halsschmerzen durch Kälteeinwirkung verursacht. Aber auch Mandel- und Ohrenentzündungen sowie Zahnbeschwerden können ein
Grund für ihre Entstehung sein.

Farben, die helfen können
Blau

Weitere Maßnahmen
Schützen Sie Ihre Halsgegend vor Zugluft – dazu ist
nicht unbedingt ein dicker Schal notwendig, meistens
reicht schon ein dünnes Seidentuch. Auch das Gurgeln
mit warmem Salzwasser kann oft schon die Schmerzen
lindern. Ein bewährtes Hausmittel ist ein Halswickel:
zuerst ein Leinentuch (Geschirrtuch) in kaltem Wasser
auswringen, darüber ein Frotteetuch und zu guter Letzt
noch ein Wollschal.

Hämorrhoiden

Ursachen
Hämorrhoiden sind krampfaderartige Erweiterungen
von Blutadern in der Aftergegend. Sie können zu Entzündungen und zu Blutungen führen.

Farben, die helfen können
Blau

Weitere Maßnahmen

Sitzbäder in Eichenrindeabsud, Darmgymnastik (mehrfaches Anziehen der Darmschließmuskeln mehrmals am Tag). Achten Sie außerdem auf eine geregelte Verdauung (siehe z. B. unter Verstopfung). Bei länger anhaltenden Beschwerden suchen Sie bitte unbedingt Ihren Arzt auf.

Hauterkrankungen

Ursachen
Meistens liegt eine Überempfindlichkeit der Haut vor, die zu Ausschlägen, Ekzemen, Nesselfieber usw. führen kann. Sehr oft ist aber auch eine Allergie gegen bestimmte Stoffe (Lebensmittel, Medikamente, Tierhaare, Hausstaub, Umweltgifte usw.) die auslösende Ursache.

Farben, die helfen können
Violett

Weitere Maßnahmen
Bei einer Allergie sollte durch einen Facharzt (Dermatologe) der Allergieauslöser festgestellt werden. Dies geschieht mittels eines umfangreichen Tests. Vielen Menschen hilft bei Hauterkrankungen das Trinken von Brennesseltee.

Herzerkrankungen

Ursachen
Eine der häufigsten Herzerkrankungen ist die Angina pectoris. Dabei sind die Koronararterien aufgrund organischer Ursachen verengt. Dadurch ist die reibungslose

Zufuhr von sauerstoffangereichertem Blut nicht mehr gewährleistet, der Herzmuskel verkrampft sich, was mit Schmerzen und Angstzuständen verbunden ist. In diesem akuten Fall brauchen Sie unbedingt einen Arzt – möglichst einen Notarzt, weil ein Infarkt möglich ist.

Oft kommt es aber auch zu Herzbeschwerden, obwohl die an sich gesunden Koronararterien sich durch nervöse Fehlsteuerungen verkrampfen – z. B. durch Streß oder persönliche Probleme.

Farben, die helfen können
Blau, Grün

Weitere Maßnahmen
Alkohol und Zigaretten sollten Sie meiden. Auch Kaffee kann problematisch sein, selbst wenn er entcoffeiniert ist. Trinken Sie die letzte Tasse möglichst nach dem Mittagessen. Spaziergänge, besonders vor dem Schlafengehen, wirken beruhigend.

Husten

Ursachen
Kälteeinwirkung, Infektionen, aber auch Nikotinmißbrauch können die Ursachen für quälende Hustenanfälle – vor allem am Morgen und in der Nacht – sein.

Farben, die helfen können
Orange

Weitere Maßnahmen
Halten Sie Ihren Hals warm – aber auch Ihre Füße!

116

Heiße Zitrone mit Honig ist ein bewährtes Hausmittel gegen Husten, außerdem die in Apotheken und Reformhäusern erhältlichen Salbeibonbons, die eine sofortige, aber sanfte Wirkung haben. Gurgeln mit warmem Salzwasser ist ebenfalls ein bewährtes Hausmittel.

Ischias

Ursachen
Sehr häufig entstehen Ischiasbeschwerden durch Kälteeinwirkung, oft aber auch durch Bandscheibenschäden, Sportverletzungen oder falsche Bewegungen etc. Mitunter sind auch übermäßiger Alkohol- und Nikotingenuß oder chronische Zahn- und Mandelerkrankungen die Auslöser für diese schmerzhaften Beschwerden.

Farben, die helfen können
Blau, Orange

Weitere Maßnahmen
Falsche Bewegungen, die ja spontan entstehen, lassen sich meistens nicht vermeiden. Aber gegen Kälte können wir uns schützen – z. B. durch Wollwäsche oder die bewährten und angenehmen Angora-Nierenschützer. Bei akuten Schmerzen hilft am besten eine Spritze – die Schulmedizin hat da durchaus Möglichkeiten, sofort zu helfen.

Kopfschmerzen

Ursachen
Verspannungen im Schulter- und Nackenbereich, Veränderungen an der Wirbelsäule (z. B. durch Arbeitsbedingungen), aber auch erkrankte Organe können Kopfschmerzen auslösen. Ein Sonderfall der Kopfschmerzen ist die Migräne, deren Ursachen immer noch nicht genau bekannt sind. Man nimmt an, daß sie durch Gefäßkrämpfe ausgelöst wird.

Farben, die helfen können
Blau

Weitere Maßnahmen
Bei leichteren Kopfschmerzen helfen oft kalte Unterarmbäder. Bei schwereren Schmerzen hilft die Neuraltherapie, die von vielen in der Naturmedizin ausgebildeten Ärzten durchgeführt wird.

Krampfadern

Ursachen
Oft ist eine angeborene Bindegewebsschwäche der Grund für Krampfadern. Weitere Ursachen können Schwangerschaft, stehende Tätigkeit, Übergewicht und Bewegungsarmut sein.

Farben, die helfen können
Rot

Weitere Maßnahmen

Sorgen Sie für ausreichende Bewegung (Spaziergänge), legen Sie Ihre Beine so oft wie möglich hoch, tragen Sie Stützstrümpfe, und lassen Sie sich in schwerwiegenden Fällen entstauende und entwässernde Medikamente von Ihrem Arzt verschreiben.

Krebs

Ursachen
Neue wissenschaftliche Studien haben ergeben, daß die meisten Krebserkrankungen auf eine genetische Disposition zurückzuführen sind, die durch unterschiedliche Auslöser aktiviert werden kann. In diesem Zusammenhang spielen auch Ernährung, Umwelt und seelische Verfassung häufig eine wichtige Rolle.

Farben, die helfen können
Grün

Weitere Maßnahmen
Eine Krebsbehandlung gehört immer in die Hand eines Facharztes. Zu einer Krebsbehandlung gehört in vielen Fällen eine Chemotherapie, oft auch eine Operation. Sie selbst können den Heilerfolg dieser Maßnahmen unterstützen, indem Sie sich gesund ernähren, möglichst auf Alkohol und Nikotin verzichten und eine positive Einstellung zum Leben gewinnen (etwa in Selbsterfahrungsgruppen, durch Entspannungstechniken oder durch eine gezielte Psychotherapie).

Leber- und Gallenerkrankungen

Ursachen
Sehr oft liegt der Grund für Leber- und Gallenerkrankungen in einer falschen Ernährung. Aber auch Alkoholmißbrauch, seelische Probleme und Umweltgifte (z. B. am Arbeitsplatz) können diese Erkrankungen auslösen.

Farben, die helfen können
Gelb, Blau

Weitere Maßnahmen
Meiden Sie auf jeden Fall fette und schwerverdauliche Speisen. Oft können Leber- und Gallenerkrankungen schon durch eine Umstellung der Ernährung geheilt werden. Essen Sie also viel Obst, Gemüse, Vollkornprodukte und vor allem Quark – denn Quark ist »Balsam für die Leber«. Verzichten Sie auf Alkohol, Nikotin und Kaffee. Sollten sich Ihre Beschwerden weder durch die Farbtherapie noch durch eine Ernährungsumstellung ändern, ist es wichtig, daß Sie Ihren Hausarzt oder einen Internisten konsultieren.

Lungenerkrankungen

Ursachen
Mitunter sind solche Erkrankungen erblich bedingt, oft entstehen Sie aber auch durch Nikotinmißbrauch oder durch umweltbedingte Einflüsse.

Farben, die helfen können
Rot

Weitere Maßnahmen
Verzichten Sie auf jeden Fall auf Nikotin. Viel frische Luft und Bewegung werden Ihnen guttun – in schwerwiegenden Fällen möglichst im Hochgebirge. Bei Erkrankungen der Lunge sollte unbedingt ein Facharzt aufgesucht werden.

Magenbeschwerden

Ursachen
Einerseits können Magenbeschwerden körperliche Ursachen haben – z. B. eine Übersäuerung oder eine fehlende Produktion von Magensäure. Auch zu hastiges, zu fettes oder unausgewogenes Essen kann zu heftigen Schmerzen führen. Zuviel Alkohol und Nikotin ist mitunter ebenfalls Auslöser von Magenbeschwerden. Aber auch seelische Ursachen können Magenbeschwerden verursachen – viele Geschehnisse des täglichen Lebens schlagen uns buchstäblich »auf den Magen«.

Farben, die helfen können
Blau

Weitere Maßnahmen
In leichten Fällen hilft Kamillentee. Auch eine Wärmflasche, auf den Magen gelegt, verschafft oft Linderung. Sehr hilfreich sowohl bei Krämpfen als auch bei Übelkeit ist die homöopathische Salbe »Cuprum metallicum«, die es rezeptfrei in jeder Apotheke gibt. Bei andauernden Beschwerden sollten Sie allerdings unbedingt Ihren Hausarzt oder einen Internisten aufsuchen.

Masern und Windpocken

Ursachen
Diese typischen Kinderkrankheiten werden durch Infektionen verursacht.

Farben, die helfen können
Rot

Weitere Maßnahmen
Bei Masern ist Bettruhe wichtig, bei Windpocken nur, wenn das Kind fiebert. Geben Sie schweißtreibende Kräutertees, z. B. Lindenblüten- oder Holunderblütentee. Bei Windpocken helfen gegen das lästige Jucken kühle Abwaschungen. Verwenden Sie dazu Kamillentee oder Essigwasser (1 Teil Obstessig auf 3 Teile Wasser).

Muskelverspannungen

Ursachen
Eine der Ursachen kann eine vorwiegend sitzende Lebensweise sein. Wer ständig am Schreibtisch arbeitet, wird Muskelverspannungen vorwiegend im Schulter- und Rückenbereich verspüren. Auch beim Sport kommt es häufig zu derartigen Beschwerden, nicht selten sind aber auch seelische Probleme die Ursache – etwa, wenn wir uns zuviel »auf unsere Schultern« laden.

Farben, die helfen können
Gelb

Weitere Maßnahmen
Wenn Sie viel sitzen, sorgen Sie für ausgleichende Bewegung. Viele Krankenkassen, Volkshochschulen usw. bieten inzwischen eine sogenannte »Rückenschule« an. Machen Sie leichte Gymnastik, gehen Sie möglichst viel spazieren und eventuell auch schwimmen. Entspannungsübungen können ebenfalls sehr hilfreich sein, besonders Yoga und autogenes Training. Erkundigen Sie sich bei Ihrer Volkshochschule nach entsprechenden Kursen. In schwerwiegenden Fällen sollten Sie sich vom Arzt Massagen verschreiben lassen.

Nervosität

Ursachen
Nervosität wird meistens durch berufliche oder private Überforderung verursacht. Aber auch Arbeitslosigkeit, Beziehungsprobleme, Einsamkeit usw. können zu nervösen Beschwerden führen.

Farben, die helfen können
Blau, Grün

Weitere Maßnahmen
Geregelte Arbeits- und Ruhepausen sind von besonderer Bedeutung, denn sie helfen Körper und Seele, ihren Rhythmus wiederzufinden. Wichtig ist auch körperliche Bewegung, wobei es aber nicht zu Überanstrengungen kommen sollte. Bei Spaziergängen und leichteren Wanderungen können Sie die Bewegung mit dem Aufenthalt an der frischen Luft verbinden. Möglichst auf Nikotin, Alkohol und Kaffee verzichten!

Hilfreich sind oft Meditation, autogenes Training oder Yoga. Es gibt zwar zahlreiche Bücher zu diesen Themen – aber es ist immer besser, die ersten Übungen unter Anleitung zu machen. Die meisten Volkshochschulen bieten entsprechende Kurse an.

Nieren- und Blasenerkrankungen

Ursachen
Nieren- und Blasenbeschwerden können zahlreiche Ursachen haben. Oft liegt der Grund für derartige Erkrankungen einfach in unzureichender Bekleidung während der kühlen Jahreszeit. Aber auch Infektionskrankheiten, Organleiden, manchmal auch eine unerkannte Zuckerkrankheit oder Vergiftung können diese schmerzhaften Beschwerden auslösen.

Farben, die helfen können
Orange

Weitere Maßnahmen
Ziehen Sie sich auf jeden Fall warm an – so schützen Sie diese empfindlichen Organe am besten. Anhaltende Schmerzen und Beschwerden im Nieren- und Blasenbereich gehören unbedingt in die Behandlung eines erfahrenen Hausarztes oder Internisten.

Ohrenentzündung

Ursachen
Ohrenentzündungen treten hauptsächlich bei jüngeren Kindern auf. Der Grund ist meistens Zugluft oder Kälteeinwirkung. Aber auch durch Infektionskrankheiten und schadhafte Zähne kann diese oft überaus schmerzhafte Erkrankung entstehen.

Farben, die helfen können
Blau

Weitere Maßnahmen
Wichtig ist es, die Ohren immer zu schützen – durch ein Tuch oder durch eine Mütze. Lassen Sie Ihre Zähne gründlich untersuchen – möglicherweise ist die Ursache für Ohrenschmerzen in einem schadhaften Zahn begründet. Erste Hilfe für akute Ohrenschmerzen ist ein altes Hausrezept: eine Zwiebel zerkleinern und ohne Fett in einer Pfanne erhitzen. Danach sofort in ein Stück Mullbinde wickeln und auf das schmerzende Ohr auflegen. Riecht zwar nicht angenehm – hilft aber sofort!

Rheumatismus

Ursachen
Auslöser für rheumatische Beschwerden sind u. a. erbliche Anlagen, degenerative Veränderungen an den Gelenken oder der Wirbelsäule, Erkältungen, Allergien, Infektionen mit entzündungserregenden Bakterien.

Farben, die helfen können
Rot, Blau

Weitere Maßnahmen
Vermeiden Sie Erkältungen durch eine entsprechende Kleidung. Bei dem Verdacht, daß der Rheumatismus durch eine Allergie ausgelöst wurde, lassen Sie bei Ihrem Hautarzt einen Allergietest durchführen.

Schilddrüse, Fehlfunktionen (Über- und Unterfunktion)

Ursachen
Oft ist eine erbliche Veranlagung die Ursache dieses Leidens, das zu Unruhe, Schlaflosigkeit, beschleunigter Herztätigkeit, Depressionen und anderen Beschwerden führen kann. In vielen Fällen ist aber auch eine Überbelastung durch berufliche oder familiäre Probleme der Grund.

Farben, die helfen können
Bei Schilddrüsenüberfunktion: Blau
Bei Schilddrüsenunterfunktion: Gelb, Orange

Weitere Maßnahmen
In leichten Fällen hilft schon eine Umstellung der Ernährung auf vegetarische Kost. Bei psychischen Problemen sollten Sie sich an einen erfahrenen Therapeuten wenden oder ein Entspannungstraining ausprobieren – die Volkshochschulen bieten dafür eine breite Palette an Möglichkeiten. Wichtig ist aber auch die Untersuchung beim Arzt – oft kann eine (heute recht unpro-

blematische) Schilddrüsenoperation Ihre Probleme lösen.

Schlaflosigkeit

Ursachen
Sorgen, Ängste, familiärer und beruflicher Streß sind die häufigsten Auslöser der Schlaflosigkeit. Aber auch Schmerzen, zu reichliches Essen vor dem Schlafengehen und Nikotinmißbrauch können uns um den Schlaf bringen. Außerdem können auch psychische Erkrankungen (z. B. Depressionen) und hormonale Veränderungen, etwa während der Wechseljahre, die Ursachen sein.

Farben, die helfen können
Blau, Violett

Weitere Maßnahmen
Versuchen Sie alle von außen kommenden Störungen auszuschalten (Licht, Wärme usw.). Verzichten Sie zumindest ab dem späten Nachmittag auf Kaffee, Zigaretten und hochprozentigen Alkohol. Ein Glas Bier vor dem Schlafengehen ist dagegen wegen seines Hopfengehaltes durchaus schlaffördernd. Empfehlenswert sind auch beruhigende Kräutertees – z. B. Baldrian und Melisse. Wichtig ist ein geregelter Ruherhythmus, das heißt, Sie sollten sich an möglichst regelmäßige Schlafzeiten gewöhnen.

Schnupfen

Ursachen
Schnupfen kann durch Ansteckung (Virusinfektion), aber auch durch Kälte- und Nässeeinwirkung und z. B. durch Staubentwicklung am Arbeitsplatz verursacht werden.

Farben, die helfen können
Die ersten drei Tage Rot, dann Blau

Weitere Maßnahmen
Bewährt haben sich heiße Fußbäder. Dabei immer wieder heißes Wasser nachgießen, bis die Füße sich röten und der Körper ein angenehmes Wärmegefühl entwickelt. Danach gut abtrocknen und möglichst sofort zu Bett gehen. Auch Dampfbäder – z. B. mit Kamillentee oder einigen Tropfen Eukalyptusöl – wirken befreiend auf die Nasenschleimhäute.

Schwangerschaftsbeschwerden

Ursachen
Die normalen Schwangerschaftsbeschwerden wie Übelkeit, Sodbrennen, geschwollene Beine usw. werden durch die Umstellung des Organismus verursacht. Starke Schmerzen, Blutungen u. a. können auf eine Risikoschwangerschaft hinweisen.

Farben, die helfen können
Violett

Weitere Maßnahmen
Wichtig ist, daß Sie während der Schwangerschaft die Möglichkeit regelmäßiger Untersuchungen wahrnehmen. Bei allen unklaren Beschwerden sofort zum Arzt gehen! Ernähren Sie sich ausgewogen – viel Obst, Gemüse und Vollkornprodukte. Leichte Bewegung an frischer Luft wird Ihnen guttun, ebenso wie regelmäßige Ruhepausen.

Übelkeit und Schwindel

Ursachen
Es gibt zahlreiche Gründe, die Übelkeit und Schwindelgefühl verursachen können. Dazu gehören Alkohol- und Nikotinmißbrauch (wonach nicht selten das berüchtigte »Katergefühl« eintritt), Veränderungen des gewohnten Luftdrucks (etwa bei Bergwanderungen oder beim Fliegen), ungewohnte Gleichgewichtsveränderungen (beispielsweise in Karussells oder bei einer Schiffsreise). Schwerwiegende Ursachen können Kopfverletzungen und Durchblutungsstörungen des Gehirns sein.

Farben, die helfen können
Grün

Weitere Maßnahmen
Frische Luft ist bei leichteren Beschwerden die beste Erste-Hilfe-Maßnahme. Aber auch kühle Unterarmbäder und kühle Kopfkompressen haben sich bewährt. Wenn Sie zur Reisekrankheit neigen, empfehlen sich die sofort wirkenden Kaugummis gegen Reiseübelkeit.

Bei länger anhaltenden Beschwerden mit unklarer Ursache sollten Sie den Arzt aufsuchen.

Übergewicht

Ursachen
Als Ursachen für Übergewicht kommen sowohl körperliche als auch seelische Gründe in Frage. Unausgeglichenheit im Hormonhaushalt führt häufig zur Gewichtszunahme. Eine zu kalorienreiche Ernährung – nicht zuletzt die Kartoffelchips beim Fernsehen – führt ebenfalls leicht zu Übergewicht. Häufig wird bei seelischen Problemen unkontrolliert gegessen. Wer unter Streß, Liebeskummer, Einsamkeit u. ä. leidet, sieht mitunter Süßigkeiten als Kompensation an. Das kann leicht zur Eßsucht führen.

Farben, die helfen können
Blau, Gelb

Weitere Maßnahmen
Eine kalorienbewußte, ballaststoffreiche Ernährung ist die wichtigste Grundlage zur Gewichtsreduzierung. Diäten führen leicht zum sogenannten Schaukeleffekt: Man nimmt zwar zunächst ab, danach aber um so schneller wieder zu. Bei körperlich bedingtem Übergewicht sollten Sie den Arzt aufsuchen, aber auch, wenn seelische Probleme vorliegen – auch hier kann eine Therapie helfen.

Warzen

Ursachen
Als Ursache für das Auftreten von Warzen wird ein Virus angenommen.

Farben, die helfen können
Blau

Weitere Maßnahmen
Umschläge, mit Eichenrindentee getränkt, lassen Warzen mitunter innerhalb weniger Wochen verschwinden. Das gleiche gilt für die Behandlung mit dem im Löwenzahnstengel befindlichen Milchsaft. Der Arzt kann Ihnen Salben verschreiben oder die Warzen mit elektrischem Strom entfernen. Die besten Erfolge wurden bisher durch das sogenannte »Besprechen« erzielt.

Wechseljahresbeschwerden

Ursachen
Die wesentlichste Ursache für diese Beschwerden – Depressionen, Hitzewallungen, Schlaflosigkeit usw. – ist die hormonelle Umstellung des Körpers. Aber auch seelische Ursachen können eine große Rolle spielen – der neue Lebensabschnitt muß ja auch innerlich verarbeitet und akzeptiert werden.

Farben, die helfen können
Orange

Weitere Maßnahmen

Es gibt inzwischen viele Gesprächs- und Selbsthilfegruppen zu dieser Problematik. Fragen Sie in Ihrer Gemeindeverwaltung nach oder werfen Sie einen Blick in das Verzeichnis Ihrer Volkshochschule. Oft helfen auch Entspannungstechniken wie autogenes Training oder Yoga. Bei sehr starken Beschwerden sollten Sie Ihren Frauenarzt aufsuchen und unter Umständen eine Hormontherapie machen.

Verstopfung

Ursachen
Eine vorwiegend sitzende Lebensweise, falsche Ernährung, aber nicht selten auch seelische Probleme führen häufig zu Darmträgheit und Verstopfung.

Farben, die helfen können
Gelb

Weitere Maßnahmen
Essen Sie viel frisches Gemüse, Rohkostsalate, rohes Sauerkraut und Vollkornprodukte. Zusätzlich wirken eingeweichte Backpflaumen oder Feigen sowie ein Teelöffel Leinsamen (z. B. unter den Joghurt gerührt) abführend. Es gibt auch einen fertigen Saft aus Dörrpflaumen, der sich sehr gut bewährt hat. Achten Sie außerdem auf ausreichende Bewegung. Und nehmen Sie sich regelmäßig ausreichend Zeit für den Gang zur Toilette – oft wirkt eine Zeitschrift oder Radiomusik so entspannend, daß sich Darmprobleme von alleine lösen.

Zahnfleischprobleme

Ursachen
Erkältungen, Infektionen, oft aber auch eine falsche Ernährung sind die Gründe für Zahnfleischprobleme.

Farben, die helfen können
Blau

Weitere Maßnahmen
Lassen Sie vor allen Dingen Ihre Zähne gründlich untersuchen! Betreiben Sie eine regelmäßige, ausgiebige Zahnpflege, und ernähren Sie sich möglichst vollwertig (viel Obst, Gemüse und Vollkornprodukte).

Die Anwendungsmöglich-
keiten der Farbtherapie

E s gibt verschiedene Möglichkeiten, Körper und Seele mit Farben zu heilen oder doch zumindest den
Heilungsprozeß durch die Farbeinwirkung zu unterstützen. Wie bereits gesagt wurde, enthält das Tages-
bzw. Sonnenlicht ja alle Farben des Spektrums. Aber
da es gebündelt ist, also als weißes Licht erscheint,
wird die besondere Wirkung der einzelnen Farben neutralisiert, das heißt man kann dadurch keinen spezifi-
schen Heilungserfolg erzielen. Hinzu kommt, daß der
Aufenthalt im Sonnenlicht zunehmend problemati-
scher wird, da durch das Anwachsen des Ozonlochs die
Gefährdung durch Hautkrebs steigt.
Im folgenden sollen nun verschiedene Möglichkeiten
aufgezeigt werden, wie Sie selbst – zu Hause oder mit
der Hilfe eines Farbtherapeuten – die heilenden Kräfte
der Farben einsetzen können.

Bestrahlungen

Farbbestrahlungen können sehr gut zu Hause durchgeführt werden. Dafür kaufen Sie entweder Glühbirnen
in den gewünschten Farben und setzen diese in eine
Bürolampe mit beweglichem Arm ein, so können Sie
den betroffenen Körperteil direkt bestrahlen. Sie kön-

nen auch verschiedenfarbige Lampenschirme verwenden, das Licht wirkt dann weicher und sanfter als bei farbigen Birnen. Eine weitere – und einfachere – Möglichkeit ist es, eine Lampe mit farbigen Seidentüchern oder -papieren abzudecken. Dabei sollten Sie aber unbedingt darauf achten, daß die Lichtquelle nicht überhitzt wird, sonst entsteht womöglich ein Brand! Außerdem gibt es spezielle Farbfilter, denen auch höhere Temperaturen nichts ausmachen. Diese Filter sind allerdings nicht ganz billig.

Dauer der Bestrahlung
Beginnen Sie mit fünf bis zehn Minuten Farbbestrahlung, und wiederholen Sie diese Behandlung zwei- bis dreimal täglich. Nach einigen Tagen können Sie die Dauer und die Häufigkeit der Bestrahlungen entsprechend Ihren Bedürfnissen erhöhen.

Sollten die Bestrahlungen bei Ihnen zu einem Unwohlsein oder zu Nervosität führen, ist es allerdings besser, mit dieser Erhöhung langsam vorzugehen. In den meisten Fällen wird Ihr Körper Ihnen ohnehin signalisieren, welche Farbe er für lange Zeit benötigt.

Grün ist eine Farbe, mit der man eigentlich nie etwas falsch machen kann, denn sie wirkt beruhigend und ausgleichend bei körperlichen und seelischen Beschwerden.

Rot dagegen sollte eher vorsichtig verwendet werden. Es ist die »dramatischste« Farbe des Spektrums und kann deshalb auch sehr starke physische und psychische Wirkungen haben.

Violett sollte ebenfalls mit Vorsicht angewandt werden. Zum einen kann eine zu ausgiebige Bestrahlung mit dieser Farbe zu Kopfschmerzen führen, vor allem aber kann Violett wegen der starken spirituellen Wirksamkeit das psychische Gleichgewicht durcheinanderbringen. Das gilt insbesondere für Personen, die ohnehin seelisch labil sind.

Wenn für die Therapie einer Erkrankung mehrere Farben für die Bestrahlung vorgeschlagen werden, sollten diese nicht hintereinander verwendet werden. Lassen Sie zwischen zwei Bestrahlungen deshalb unbedingt mindestens zwei Stunden vergehen, damit der Körper die Wirkung der Bestrahlung richtig aufnehmen kann.

Bäder

Auch über ein Bad können die Farbschwingungen aufgenommen werden. Verstärkt wird die Wirkung noch durch die ätherischen Öle, die in der entsprechenden Pflanze enthalten sind, aus der das Badeöl hergestellt ist, z. B.:

Gelb und Orange
Calendula (Ringelblume)
wirkt beruhigend auf Seele und Körper, besonders gut geeignet bei schlecht durchbluteter und unreiner Haut.

Rot
Rose
eine der sanftesten Pflanzen, geeignet zur Harmonisierung von Seele und Körper.

Blau
Lavendel
heilend und beruhigend bei Hautreizungen, aber auch bei Schlafstörungen und Nervosität.

Grün

alle aus den Blättern einer Pflanze gewonnenen Öle
sind hier geeignet, vor allem

- Kiefernnadelöl (besonders wirksam bei Erkältungen),
- Pfefferminze (bei Hautunreinheiten und als Erfrischungsbad),
- Melisse (wegen der beruhigenden Eigenschaften besonders gut geeignet als Bad vor dem Schlafengehen).

Eine weitere Möglichkeit ist es, das Badewasser während des Einlaufens, aber auch während der Dauer des Bades farbig zu bestrahlen. Falls Sie dafür eine spezielle Lampe im Bad installieren, achten Sie bitte auf die Sicherheitsvorschriften – Elektrizität und Wasser können, wenn sie miteinander in Kontakt gebracht werden, tödlich sein!

Umschläge

Bei vielen Beschwerden sind auch farbig bestrahlte Umschläge sehr wirksam oder zumindest unterstützend für den Heilungsprozeß. Am besten verwenden Sie dafür weiße oder naturfarbene Tücher (auf jeden Fall aus Naturfasern – Baumwolle, Seide usw.). Bestrahlen Sie diese Tücher in der benötigten Farbe eine Viertelstunde lang, und legen Sie sie dann auf den betroffenen Körperteil. Während der Einwirkungszeit – fünfzehn bis dreißig Minuten – sollten Sie sich entspannen und möglichst auch die entsprechende Farbe visualisieren. Wenn Sie also Augenbeschwerden haben, stellen Sie sich einen Wald oder eine Wiese vor (Grün wirkt hervorragend gegen alle Erkrankungen der Augen). Bei niedrigem Blutdruck denken Sie an rote Rosen oder an ein Mohnfeld usw.

Ernährung

Frisches Obst und Gemüse kann nicht nur über die wertvollen Inhaltsstoffe, sondern auch über die Farbe auf unseren Organismus heilend einwirken. Zu diesem Thema gibt es in diesem Buch ein besonderes Kapitel (siehe dort).

Die heilende Wirkung der Nahrungsmittel kann noch verstärkt werden, wenn man sie vor dem Essen etwa zwanzig Minuten lang mit ihrer »Eigenfarbe« bestrahlt – z. B. Möhren mit orangefarbenem, Bananen mit gelbem, Tomaten mit rotem und Salate mit grünem Licht. Sehr wichtig: Das Gemüse oder Obst sollte unmittelbar nach der Bestrahlung gegessen werden!

Auch mit Farben bestrahltes Wasser wirkt heilsam. Bestrahlen Sie Leitungs- oder Mineralwasser eine halbe Stunde lang mit der für Ihre Therapie benötigten Farbe, und trinken Sie es gleich anschließend. Eine andere Möglichkeit ist, eine farbige Glasflasche oder eine weiße Flasche, die mit einer entsprechend gefärbten Folie umkleidet ist, mit Wasser zu füllen und diese einige Stunden lang in der Sonne stehen zu lassen (das Sonnenlicht wirkt verstärkend auf den Heileffekt der Farbe!). Das so behandelte Wasser können Sie entweder gleich trinken oder im Kühlschrank aufbewahren.

Kleidung und Wohnfarben

Auch die Farbe unserer Kleidung kann unser seelisches und körperliches Wohlbefinden beeinflussen. Dabei muß die benötigte Farbe nicht unbedingt außen getragen werden, denn am besten wirkt sie im Hautkontakt. Ein Beweis dafür sind die Untersuchungen mit Blinden, die bei Hautkontakt mit verschiedenen Farben unterschiedlich reagierten.

Natürlich können Sie Ihre Wohnung nicht bei jeder Erkrankung in einer anderen Farbe streichen – aber es gibt sicherlich bestimmte Grundbedürfnisse, denen Sie folgen können. Deshalb gibt es ein spezielles Kapitel über Wohnfarben in diesem Buch (siehe dort).

Farbige Edelsteine

Die Therapie mit Edel- und Halbedelsteinen ist eine uralte Wissenschaft, die in unserer Zeit neu entdeckt wird. Dabei wirken nicht nur die Eigenschaften der Steine, sondern auch deren Farben. So können Sie beispielsweise bei Erkrankungen, die eine Rotfarbe benötigen, einen Granat oder auch einen Rubin tragen, bei Beschwerden, die mit Grün geheilt werden, einen Smaragd und bei Leiden, die eher auf Blau ansprechen, einen Sodalith oder einen Aquamarin usw. Es gibt zu diesem Thema eine umfangreiche Literatur, aber auch in Mineralienhandlungen wird man Ihnen die entsprechende Auskunft geben können.

Kunsttherapie

Auch das künstlerische Arbeiten mit Farben kann erstaunliche Heilerfolge erzielen. Deshalb gibt es zu diesem Thema auch ein gesondertes Kapitel in diesem Buch (siehe dort).

Um mit Farben zu arbeiten, brauchen Sie keinerlei künstlerische Voraussetzungen, sondern nur Wasser, einen Pinsel, Papier – und natürlich die Farben, die Ihnen im Augenblick guttun. Es sollen ja auch keine Kunstwerke entstehen, sondern Sie können die Möglichkeit der Beschäftigung mit Farben nutzen, um ein spezifisches seelisches oder körperliches Problem zu lindern.

Meditation

Auch Farbmeditationen können sehr wirksam sein. Entweder blicken Sie auf eine Farbfläche oder Sie visualisieren die benötigte Farbe bei geschlossenen Augen. Sorgen Sie dafür, daß Sie während Ihrer Meditation ungestört sind – notfalls Türklingel und Telefon abstellen. Entspannen Sie sich entweder im Sitzen oder im Liegen, atmen Sie tief, langsam und bewußt. Lassen Sie die Farbe auf sich wirken. Wenn es Ihnen bei der Visualisierung nicht gelingt, sich nur auf die reine Farbe zu konzentrieren, können Sie sich bei der Farbe Rot beispielsweise ein Mohnfeld vorstellen, bei Blau einen leuchtenden Himmel usw. Beginnen Sie mit wenigen Minuten Meditation, und steigern Sie langsam die Zeit auf fünfzehn bis zwanzig Minuten.

Die Behandlung durch einen Farbtherapeuten

Den größten Erfolg bei der Behandlung einer Krankheit beziehungsweise bei der begleitenden Behandlung einer Therapie wird sicherlich ein erfahrener Farbtherapeut haben. Um Ihnen einen Einblick in seine Arbeitsweise zu geben, folgt nun als Beispiel ein Interview mit Karl-Heinz Biederstaedt aus Ottersberg.

Karl-Heinz Biederstaedt ist ausgebildeter Masseur, der sich aber auch schon sehr früh mit Fußreflexzonenmassage und Akupressur beschäftigte. Während einer Zusatzausbildung erfuhr er von der Möglichkeit einer Verbindung von Akupressur und Farbtherapie. In diesem speziellen Fall bedeutet dies, daß die Akupressurpunkte nicht gedrückt werden, sondern daß auf die entsprechenden Stellen Farbplättchen aufgelegt bzw. aufgeklebt werden.

K.: Können Sie diese besondere Farbtherapie kurz beschreiben?

B.: Das Besondere an dieser Therapie ist ihre Kontrollierbarkeit. Über die Bindegewebstastung wird jede Wirkung auf die Akupunkturpunkte sofort erkannt. Die Spannung im Bindegewebe und in der Muskulatur verändert sich augenblicklich, wenn eine Farbe gesetzt wird. Hier zeigt sich der Unterschied zu allen anderen

Methoden. Das Ziel der Behandlung besteht darin, ein Spannungsgleichgewicht des gesamten Bindegewebes herzustellen.

K.: Wie genau geschieht dies? Was bedeuten die Farben?

B.: Die Lebensströme – Meridiane – werden durch Farben harmonisiert. Jeder Meridian – zwölf Ströme auf jeder Körperseite, auf denen die Akupunkturpunkte liegen – hat eine bestimmte Farbe. Ich kann also einen Meridian durch die zugeordnete Farbe anregen oder durch die Komplementärfarbe beruhigen.

K.: Woraus bestehen die Farbplättchen, mit denen Sie arbeiten?

B.: Sie bestehen aus pflanzengefärbter Seide. Sie sind je einen Quadratzentimeter groß. Anilingefärbte Seide wirkt im Moment, macht aber nach einiger Zeit den Patienten nervös.

K.: Können Sie den Unterschied zwischen Anilinfarben und Pflanzenfarben erklären?

B.: Die Pflanze wird ja durch Lebensprozesse aufgebaut – von diesen Prozessen ist auch die aus den Pflanzen gewonnene Farbe durchdrungen. Diese Prozesse werden wirksam bei der Anwendung dieser Farben in der Therapie. Die Farbe ist eigentlich nur das äußerlich sichtbare Zeichen dessen, was eigentlich in dieser Farbe steckt. Die Anilinfarbe ist aus Teer gewonnen, sie besitzt keine Lebensprozesse. Der Mensch braucht aber die Hilfe der Lebensprozesse aus den Pflanzen.

K.: Bedeutet das, daß neben Ihrer Behandlung mit Farben auch die Farbe in der Nahrung, in der Umgebung, in der Kleidung wichtig ist?

B.: Das ist richtig. Durch Experimente habe ich z. B. auch festgestellt: Wenn der Mensch nicht in Harmonie mit sich und seinem Körper ist – und wer ist das heute schon? –, kann beispielsweise farbige Kleidung diesen Menschen erheblich stören. Ein Beispiel: Es kam eine Bekannte zu mir und sagte: Wenn ich den Pullover anhabe, den ich mir aus eigener Wolle gesponnen, den ich selbst gefärbt und selbst gestrickt habe – habe ich das Gefühl, ich hätte eine Zwangsjacke an. Daraufhin sagte ich: Wir tasten das mal ab – und ihr Rücken verspannte sich.
Der Pullover war lila-violett – die Herzberuhigungsfarbe. Aber diese Frau brauchte eine Herzanregung – also ein Gelb, und dadurch trug das Violett eben nicht zu ihrer Harmonisierung bei. Genauso ist es auch mit farbigen Räumen. Man sollte sie individuell abstimmen. Grundsätzlich heißt es: Blau beruhigt, Rot und Gelb regen an. Im Krankheitsfall muß man tasten, welche Farbe der Patient benötigt! In der Meridiantherapie nach Christel Heidemann besteht die Möglichkeit, mit einer Farbe die Lebensströme zu beeinflussen.

K.: Mit wie vielen Farben arbeiten Sie?

B.: Mit zwölf Farben und mit Schwarz und Weiß.

K.: Schwarz und weiß sind ja eigentlich keine Farben.

B.: Farbe entsteht zwischen Licht und Finsternis – Schwarz steht für Finsternis und Weiß für Licht.

K.: Behandeln Sie alle Patienten mit Farben?

B.: Wenn Patienten zur Farbtherapie kommen, kommen sie privat.

K.: Das ist also eine spezielle Behandlung?

B.: Ja. Das gehört nicht zu einer Kassenleistung.

K.: Woher wissen denn die Patienten davon? Es ist ja eigentlich so eine Art »Insider«-Wissen.

B.: Sie werden teilweise von Ärzten geschickt – die Ärzte sagen: Probieren Sie doch diese Therapie einmal aus. Aber zum größten Teil kommen die Patienten durch Mund-zu-Mund-Propaganda.

K.: Welche Krankheiten behandeln Sie vorwiegend?

B.: Vorwiegend sind es alle Krankheiten, die im funktionellen Bereich liegen. Ich möchte da wieder auf die Harmonisierung zurückkommen. In der Akupunktur sagt man: Es kommt zu einer Erkrankung, wenn irgendwo zuviel oder zuwenig Lebensenergie ist. Meine Aufgabe besteht nun darin, anhand von Farbe die Lebensenergie im Menschen über die Meridiane zu ordnen und zu harmonisieren. Denn aus dieser Ordnung heraus kann erst die Gesundung eintreten.

K.: Würde das heißen, daß bei Entzündungen vorwiegend Blau und bei Krebs vorwiegend Rot verwendet wird?

B.: Nein. Die Farbe richtet sich nach dem Meridian, in

dem das Gebiet liegt, in dem die Erkrankung vorliegt. Außerdem ist der Tastbefund in den Organzonen entscheidend.

K.: Und wie sieht dieser Tastbefund konkret aus?

B.: Der Patient sitzt auf einer Massageliege oder auf einem Hocker, der Oberkörper ist frei. Beidseitig der Wirbelsäule haben wir den Grenzstrang, wo sich die Umschaltstellen für das vegetative Nervensystem befinden. Hier zeigen sich am deutlichsten die Organzonen im Bindegewebe, die mich auf den dazugehörigen gestörten Meridian hinweisen und damit auf den Therapieansatz für die Farbbehandlung.

K.: Und wie sieht das nun ganz praktisch aus? Werden die Farbplättchen aufgelegt oder aufgeklebt?

B.: Die etwa einen Quadratzentimeter großen pflanzengefärbten Seidenplättchen werden mit einem hautfreundlichen Pflaster auf die Akupunkturpunkte geklebt und verbleiben dort 24 Stunden – das heißt, die Zeitdauer ist etwas unterschiedlich, denn sie richtet sich nach dem Krankheitsbild. Danach wird kontrolliert, ob sich die Organzonen harmonisiert haben. Die Kontrolle findet statt durch Abtasten des Bindegewebes. So kann ich feststellen, ob das Spannungsgleichgewicht hergestellt ist.

K.: Welche Krankheiten behandeln Sie vorwiegend?

B.: Rückenleiden, Ischiasbeschwerden, Schulterleiden – Leiden, die selbst auf Massagen und Fangopackungen nicht reagieren. Ein Großteil von Patienten kommt aber auch mit inneren Erkrankungen, beispielsweise mit Magenbeschwerden, Gallenleiden und Nierenerkrankungen. Oft ist dabei medizinisch am Organ noch keine Erkrankung festzustellen – aber die Beschwerden sind vorhanden.

K.: Und wie sieht der Erfolg solcher Farbtherapie-Behandlungen aus?

B.: Wie jede Methode ist auch die Farbtherapie kein Allheilmittel. Wenn wir davon ausgehen, daß der Körper das Instrument der Seele ist, kann ich wohl das Instrument stimmen – aber spielen muß darauf jeder Mensch selbst. Wenn sich also das Umfeld nicht ändert, welches die Krankheit verursacht, kann man noch soviel am Instrument arbeiten – die Therapie wird keinen Erfolg zeigen.

K.: Aber aus Ihrer Praxis wird es doch Beispielgeschichten für erfolgreiche Behandlung geben?

B.: Ja, es gibt ein Beispiel aus jüngster Zeit. Da war eine Patientin, die schon seit einigen Jahren zu mir zur Massage kam, in den letzten Jahren eigentlich aber nur noch zur Farbtherapie. Die Patientin klagte immer über starke Ischiasbeschwerden, die immer mit Gallenbeschwerden einhergingen. Diese Frau muß ich – um ihre Ischiasbeschwerden zu lindern – über ihre Galle behandeln. Der Gallenblasen-Meridian hat als Anregungsfarbe ein Violett. In ihrem Fall muß ich den Gallenblasen-Meridian beruhigen – Komplementärfarbe Gelb –, und nach wenigen Behandlungen geht es ihr dann sehr gut. Dies ist ein Beispiel, wo die ursächlichen Beschwerden im organischen Bereich zu finden sind, die sich dann eben auch im Rückenbereich bemerkbar machen. Eine andere Patientin kam mit einer Verordnung für Massagen zu mir. Während der Behandlung erzählte sie über ihre ständigen Magen- und Darmbeschwerden. Begleitend habe ich sie mit der Farbtherapie behandelt. Bereits nach sechs Behandlungen waren ihre Magen- und Darmbeschwerden gänzlich verschwunden.

K.: Dann ist ja offensichtlich die Farbtherapie in einigen Bereichen die einzige Therapie?

B.: Ja. Obwohl die Farbtherapie vorrangig ist, schaue ich immer noch, ob in tieferen Gewebeschichten noch Störfelder (Narben, Verklebungen, Gewebseinschnürungen) sind, die man manuell behandeln muß, so daß die Durchlässigkeit in diesem Gewebe gegeben ist. Aber die Farbtherapie steht wirklich im Vordergrund.

K.: Mir stellt sich nun die Frage: Ist es so, daß viele Krankheiten als Begleitung zur Schulmedizin oder auch zur Naturmedizin mit der Farbtherapie behandelt werden können – oder kann man Krankheiten ausschließlich mit der Farbtherapie heilen?

B.: Natürlich kann die Farbtherapie als begleitende Therapie zur Schulmedizin oder Naturmedizin eingesetzt werden, dies wäre sogar erstrebenswert. Wurde der Patient durch die Farbtherapie stabilisiert, muß der Arzt mit den Patienten abstimmen, ob gegebenenfalls in der medizinischen Behandlung Veränderungen (z. B. weniger Medikamente) vorgenommen werden müssen. Es ist aber nicht meine Aufgabe, so etwas zu entscheiden – das ist eine Angelegenheit zwischen Arzt und Patient.

Als eigenständige Therapie kann die Farbtherapie in sehr vielen Fällen große Erleichterung bringen.

K.: Bringt auch die Eigenbehandlung mit Farbtherapie etwas?

B.: Es bringt etwas. Nur: Wie will der Patient entscheiden, auf welchen Meridian welche Farbe gesetzt werden muß? Wie will er einen Tastbefund in den Bindegewebszonen aufnehmen? Die Eigenbehandlung kann dann vorgenommen werden, wenn der Farbtherapeut die genannten Voraussetzungen geschaffen hat, dann kann der Patient die Behandlung zu Hause weiterführen.

K.: Inwieweit wird die Farbtherapie eigentlich von der Schulmedizin anerkannt?

B.: Solange die Schulmedizin die Lebensströme nicht kennt, wird sie sich nicht vorstellen können, daß Farben über die Haut wirken. Das wird eine Frage von Zeit sein. Jede neue Therapie braucht Zeit, bis sie sich durchsetzt und anerkannt wird.

K.: Gibt es eigentlich viele Farbtherapeuten in Deutschland?

B.: Es werden jährlich ca. hundert Therapeuten in der Farbtherapie bei Frau Heidemann ausgebildet. Da die Therapie aber zeitaufwendig ist und von nur wenigen Ärzten verordnet wird, wird sie noch nicht im großen Umfang durchgeführt.

Literaturhinweise

Beer, Ulrich, Was Farben uns verraten, Stuttgart 1992

Brantschen, Roman, Heilen mit Licht und Farben – Wie Sie diese Energie für sich entdecken und nutzen, Genf 1994

Drury, Nevill, Lexikon esoterischen Wissens, München 1988

Goethe, Johann Wolfgang, Farbenlehre, Stuttgart 1988

Jones, Alex, Die Geheimnisse der Farben – Wie Farben wirken, harmonisieren und stimulieren, Aitrang 1991

Knuf, Astrid und Joachim, Amulette und Talismane – Symbole des magischen Alltags, Köln 1984

Koechlin-Schwartz, D. / Grapas, M., Gesünder, besser, preiswerter, Frankfurt/M. 1978

Lübeck, Walter, Das Auraheilbuch, Aitrang 1991

Lüscher, Max, Die Farben der Liebe – Verliebtheit und echte Liebe, München 1995

Muths, Christa, Farbtherapie: Mit Farben heilen – der sanfte Weg zur Gesundheit, München 1994

Riedel, Ingrid, Farben in Religion, Gesellschaft, Kunst und Psychotherapie, Stuttgart 1983

Ryberg, Karl, Farbtherapie – Die Wirkung der Farben auf Körper und Seele, München 1992

Schiegl, Heinz, Color-Therapie – Heilung durch die Kraft der Farben, München 1993

Tegtmeier, Ralph, Der heilende Regenbogen – Sinnvolle

Spiele, Experimente und Meditationen zum kreativen Umgang mit den geheimnisvollen Energien von Klang, Farbe und Licht, Haldenwang 1985

Wilson, Annie / Bek, Lilla, Farbtherapie – Der sanfte Weg der Heilung, Bern, München, Wien 1988